実践テクで差がつく！
スポーツクライミング「リード」
上達バイブル

監修
安間佐千

メイツ出版

安間佐千が日々実践している
上達メソッドや哲学を知り
クライミングを最高に楽しもう！

はじめに

本書はリードを楽しみ、より上達したい人のために作りました。僕が日々クライミングする中で大切にしていることや、リードをする上で知っておきたいテクニックを紹介しています。リードを上達するためのメソッドは、無数にあります。そして、実は上達していくこと自体は難しいことではありません。本書をそれぞれの目標や夢の達成に向けて、最大限に活用していただきたいと思っています。一方で、その目標を達成するプロセス、日々のクライミングの中にある一瞬、一瞬の時間をより繊細にダイナミックに楽しんでいくことの大切さを感じてもらえたら嬉しいです。

プロ・フリークライマー
安間佐千

スポーツクライミング「リード」上達 バイブル
実践テク で差がつく！
CONTENT

- 2 はじめに
- 8 本書の特徴・使い方
- 10 本書の基本的な考え方　リードに必要な4つの基礎

13 PART 1
目標のルートを知る

- 14 コツ01　自分の方向性を知る
- 16 コツ02　自分の目標を知る
- 18 コツ03　リードクライミングの戦略とは？
- 20 コツ04　ルートの構成要素を見抜く
- 22 コツ05　手と足を置く位置を確認しよう
- 24 コツ06　ムーブの連続の流れを確認しよう
- 26 コツ07　核心の要素を見抜こう
- 28 コツ08　レストポイントを見抜こう
- 30 コツ09　クリップポイントを確認しよう
- 32 コツ10　安全性を確認しよう
- 34 コツ11　やったことのないアイデアにチャレンジ

PART 2
37 レベルアップするための技術

38	コツ12	無駄な動きを省こう
40	コツ13	脱力をする
42	コツ14	呼吸への意識
44	コツ15	１トライの重要性を認識しよう
46	コツ16	登るモチベーションを確認しよう
48	コツ17	ビレイヤーとのコミュニケーション

PART 3
51 リード上達のためのトレーニング法

52	コツ18	練習スタイルの確認
54	コツ19	１日の練習の流れ
56	コツ20	ボルダリングの重要性
58	コツ21	ボルダリングの課題①
60	コツ22	ボルダリングの課題②
62	コツ23	ボルダリングの課題③
64	コツ24	自分で課題を作るときの考え方
66	コツ25	落ち着き・冷静さを養う登り方
68	コツ26	リードの持久力トレーニング
70	コツ27	恐怖心を克服するためのトレーニング
72	コツ28	よりリラックスして登るための練習
74	コツ29	ケアの方法

PART 4
上達につながるメンタル調整法

78	コツ30	恐怖心は自然な感覚だととらえる
80	コツ31	緊張感を受け入れよう
82	コツ32	失敗の許可
84	コツ33	コントロールを手放す
86	コツ34	モチベーションをコントロールしない
88	コツ35	なぜ同じルートや目標に行くか確認する
90	コツ36	コンペ・大会に参加する際の注意事項
92	コツ37	自然の壁に取り組む際の注意事項

PART 5
上達のために今一度見直しておくべきこと
95

96 **コツ38** リードに適したウェアは？

98 **コツ39** 自分に合ったシューズの選び方は？

100 **コツ40** オススメのリードの道具は？

102 **コツ41** 日本・海外のオススメのスポートルートは？

104 **コツ42** リードができる全国のクライミングジムは？

108 **コツ43** 得意・不得意を確認しよう

110 監修者プロフィール

〈コラム〉

12 Column01

思考から感覚へ。目標達成から一瞬の喜びへ

36 Column02

生まれ持ったものは人それぞれ。自分のクライミングを楽しもう

50 Column03

敬意と共にクライミングと出会い直そう

76 Column04

心技体、そんなシンプルな構造ではない

94 Column05

人生の中に脱力し、恐怖や緊張を受け入れる

本書の特徴・使い方

本書はリードがうまくなりたい方、クライミングをもっと上達したい方に向けて、世界で活躍するプロ・フリークライマー安間佐千によるテクニックやクライミングをより楽しむための考え方を紹介しています。Part1では目標とするルートを攻略するために必要な考え方を解説します。またPart2では、安間佐千が実践している呼吸や脱力など、繊細な技術やカラダの使い方を紹介します。Part3ではリードだけでなく、ボルダリングの課題も含め、リード上達のためのトレーニングを紹介します。Part4ではより高い目標を達成するためにも知っておきたいメンタル面の話を紹介します。

タイトル
このページで取り上げるテクニックです。

コツNo.
本書はリード上達に必要な43項目のコツを掲載。見開きごとに解説しているので、知りたいページから選んで読むことができます。

コツ **01**　PART1　目標のルートの内容を知る

自分の方向性を知る

リード上達を目指す前に自分が何をしたいのか確認しよう

> **キーワード**
> このテクニックを身につける上でもっとも大切なキーワードです。

> **本文**
> 紹介しているテクニックの概要を解説します。まずは本文を読み理解しましょう。

CHECK POINT

1. 実力だけではなく様々な自己分析をしよう
2. 自分の本当の声に耳を傾けよう
3. クライミングを大きな1つの文化として楽しむ

一度立ち止まって確認してみよう

リードクライミングと一言で言っても、インドアのリードやボルダリング、自然の外岩、マルチピッチなど、様々な楽しみ方があります。しかし、多様性のあるクライミングにおいて、上達したいという気持ちは実は漠然としているものです。

その気持ちをどの方向性に向けるかが、より重要になってきます。一度立ち止まり、自分が何をしたいのか、まず確認してみましょう。

POINT 1
実力だけではなく様々な自己分析をしよう

自分の実力を知るということだけでなく、クライミングのどういうところが好きなのか。自然の外岩、人工壁を登るのが好きか。ただ、楽しみたいのか、大会で勝ちたいのか。一つ一つ自己分析してみましょう。

POINT 2
自分の本当の声に耳を傾けよう

人生は長いようで短いものです。仕事が忙しくなったり、結婚や病気をしたり、身の回りのことに追われていると、やりたいことを先延ばしにしてしまいます。今やりたいことというのは、実は今しかできません。年齢とともに向き合うクライミングのステージは変化するので、今目の前にあるクライミングは、今しか味わうことができないのです。また、時の経過と共に肉体は衰え、回復力も落ちて行きます。「本当にやりたいことはなんだろう？」という問いかけを、思考レベルではなく感覚で感じるように意識しましょう。友人との会話や、落ち着いた家での一時、様々なシーンの中で自分に問いかけてみましょう。本当に自分のやりたいことが閃くかもしれません。

目標のルートの内容を知る

POINT 3
クライミングを大きな1つの文化として楽しむ

クライミングの醍醐味はスポーツの一種として、上達することだけではありません。自然を堪能したり、溜まったストレスを発散したり、自己探求にもなったりします。クライミングは音楽やヨガのような、大きな1つの文化と言ってもいいくらいです。視野を広く持って、総合的に楽しんで行きましょう。

> **POINT**
> 各テクニックを身につけるために、特に理解しておきたいポイントを解説します。

本書の基本的な考え方

リードに必要な4つの基礎

リードを上達するには、大きく分けて❶フィジカル（身体能力）、❷テクニック（技術）、❸メンタル（心理）、❹ストラテジー（戦略）の4つの基礎をしっかりと理解し、身につける必要があります。そして、それらを統合し1つのクライミングの中で表現できたら、結果的にリードが上達するでしょう。

❶ フィジカル（身体能力）

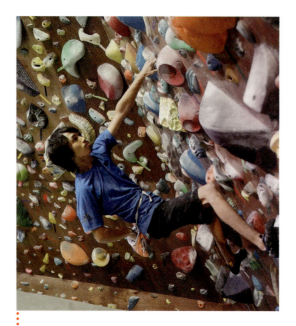

保持力、パワー、持久力などから連想されるような、現実的な身体の能力です。トレーニングによって鍛えることができ、クライミングの基盤を担う大切な要素です。目標がある場合は、そのクライミングに必要なフィジカルをしっかりと認識し、どんなトレーニングが有効かを見極める必要があります。

❷ テクニック（技術）

登りの技術（ヒールフックなど）や、クリップの技術といった基礎的なものと、より高度な脱力の技術といったものがあげられます。リードはボルダリングと比較して、安全確保のテクニックも必要です。テクニックが伸びることで、より楽に登ることができたり、鍛え上げたフィジカルをスムーズに生かすことができます。

❸ メンタル
（心理）

リードは登っているときに恐怖心や緊張を感じたり、失敗を恐れたりと様々な感情や思考に飲み込まれます。また、メンタル（心理）は自分が進みたい方向性の見極めや、モチベーションの上がり下がりなど、クライミングと深く繋がっています。そのため、メンタルはフィジカル、テクニック、ストラテジーと連動しながら、全ての核となる部分を担っています。

❹ ストラテジー
（戦略）

ルートの構成要素を考え、核心までどのように登り、核心をどう切り抜けるか。そういった思考レベルで考えられる戦略がリードには重要です。ただ登るだけではなく、登るごとに情報を集め、今向き合っているルートの理解を深めることは、そのルートとより深く関わる上で大切な要素です。ストラテジーはテクニックとサポートし合い、フィジカルを生かすことに繋がります。

column
01

思考から感覚へ。
目標達成から一瞬の喜びへ。

　本書を含めて、クライミングについて書かれた本を読むことは、頭の整理（思考の領域）や、仕組みを理解するのに良いと思います。

　しかし、僕自身、本書に書かれているような思考を常々している訳ではありません。普段は感覚的に捉え、自然にやっていることをより多くの方々とわかりやすく共有しようとしたとき、このような表現となりました。それなので、本書をしっかりと読み、それぞれの中で咀嚼していただきたいのですが、書いていること一語一句を思考の世界で考え込まないで欲しいです。ある段階から先に行くとき、この大量の情報は邪魔になってきます。僕は本書をむしろ感覚と共に、味わって欲しいです。

　僕たちクライマーがクライミングを好きな理由はたくさんあると思います。でも一番最高な瞬間は思考から離れ、過去からも未来からも離れ、その瞬間のクライミングを楽しんでいるときです。それは実はたわいもない瞬間であり、日常的であることに気づかされます。そして、それを味わうのに上達も、努力も、目標達成も必要ないのです。バイブルも必要ありません。しかし、人間の中には何かを成し遂げたい強い欲望はあります。全ての方々がそんな人間の複雑な側面をしっかりと認識しながら、本書とともにそれぞれのクライミングを高め、やりたいことを成し遂げ、完全に満足し、そして一瞬一瞬の喜びに戻ってくることを願っています。

PART 1
目標のルートの内容を知る

コツ 01 PART1 目標のルートの内容を知る
自分の方向性を知る

リード上達を目指す前に自分が何をしたいのか確認しよう

CHECK POINT

❶ 実力だけではなく
様々な自己分析をしよう
❷ 自分の本当の声に
耳を傾けよう
❸ クライミングを大きな
1つの文化として楽しむ

一度立ち止まって
確認してみよう

リードクライミングと一言で言っても、インドアのリードやボルダリング、自然の外岩、マルチピッチなど、様々な楽しみ方があります。しかし、多様性のあるクライミングにおいて、上達したいという気持ちは実は漠然としているものです。

その気持をどの方向性に向けるかが、より重要になってきます。一度立ち止まり、自分が何をしたいのか、まず確認してみましょう。

POINT ❶

実力だけではなく
様々な自己分析をしよう

自分の実力を知るということだけでなく、クライミングのどういうところが好きなのか。自然の外岩か、人工壁を登るのが好きか。ただ、楽しみたいのか、大会で勝ちたいのか。一つ一つ自己分析してみましょう。

目標のルートの内容を知る

POINT ❷

自分の本当の声に
耳を傾けよう

人生は長いようで短いものです。仕事が忙しくなったり、結婚や病気をしたり、身の回りのことに追われていると、やりたいことを先延ばしにしてしまいます。今やりたいことというのは、実は今しかできません。年齢とともに向き合うクライミングのステージは変化するので、今目の前にあるクライミングは、今しか味わうことができないのです。また、時の経過と共に肉体は衰え、回復力も落ちて行きます。「本当にやりたいことはなんだろう？」という問いかけを、思考レベルではなく感覚で感じるように意識しましょう。友人との会話や、落ち着いた家での一時、様々なシーンの中で自分に問いかけてみましょう。本当に自分のやりたいことが閃くかもしれません。

POINT ❸

クライミングを大きな
1つの文化として楽しむ

クライミングの醍醐味はスポーツの一種として、上達することだけではありません。自然を堪能したり、溜まったストレスを発散したり、自己探求にもなったりします。クライミングは音楽やヨガのような、大きな1つの文化と言ってもいいくらいです。視野を広く持って、総合的に楽しんで行きましょう。

コツ 02

PART 1 目標のルートの内容を知る

自分の目標を知る

目標を決めてそれに合わせたトレーニングを行おう

CHECK POINT

❶ 方向性が見えたら
トレーニングをしよう
❷ 現実的な目標を
リアルに感じてみよう
❸ まずチャレンジを
してみることも大切

やりたいことを
整理してみよう

　自分のクライミングの方向性を知ったら、さらに具体的な目標が見えてくるかもしれません。上手になって何がしたいのか、自分の中でやりたいことがあるのか整理してみましょう。具体的にはどんなコンペに出たいのか。新たなクライミングスタイルにチャレンジしてみたり、憧れのルートがあれば、それを目指してみましょう。明確でなくても、その方向性に自分を向け、近づいてみることで見えてくるものがあります。

POINT ❶

方向性が見えたら
トレーニングをしよう

目標が明確になったり、方向性が見えてきたら、トレーニングを開始しましょう。進むべき方向が正しければ、苦手なトレーニングもすんなりと受け入れることができます。またトレーニングを通して曖昧な目標が明確になることもあるでしょう。

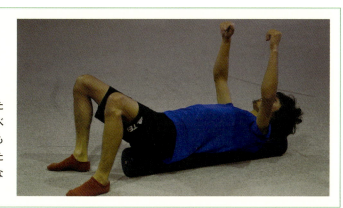

POINT ❷

現実的な目標を
リアルに感じてみよう

自分の方向性が見えたら、より現実的な目標を見つけましょう。未来で目標が達成されることを感じることで、今の自分にはどんなステップや準備が必要で、どのような環境を整えればよいか、どんな勉強が必要など、より具体的に捉えることができます。例えば、あなたがやりたいことが、とあるルートの完登であれば、そのルートのシーズンを調べたり、パートナーを探したり、必要なフィジカルを整えたり、道具をそろえたり、といった事項を明確にしていきます。実際に目標を成し遂げた自分をできるだけリアルに感じることがポイントです。また、目標到達を成し遂げる期日を決めることも、モチベーションのアップにつながります。

POINT ❸

まずチャレンジを
してみることも大切

現実的に細かな事項を明確にするには、たくさんの体験も必要になってきます。POINT2とは真逆のことですが、まず「とにかくその目標にチャレンジしてみる」ことも大切です。何も考えず進んでみることで、想像していなかったことがたくさんわかってくるものです。

目標のルートの内容を知る

コツ 03 PART 1 目標のルートの内容を知る
リードクライミングの戦略とは？

核心やレスト、クリップなど あらゆる角度から分析する

POINT ❶ ルートの構成要素を見抜く

ルートを構成している一つ一つの要素を確認して行きます。自分が登ったときどうなるかを感じながら、そのルートの特徴や細かなポイントを見て行きます。

POINT ❷ 手と足の位置を確認する

右手、左手、右足、左足をどのホールドに置いていくか、どの順番で置いていくか、最適な位置を確認します。

POINT ❸ ムーブの連続の流れを確認する

手と足の位置を動きと共に確認することで、ルートがカラダの中に浸透していきます。

POINT ❹ 核心の要素を見抜く

核心がどこにあり、どんなパワーやカラダの動きが必要かを確認します。またそれまでの疲労度やクリップなども含まれます。

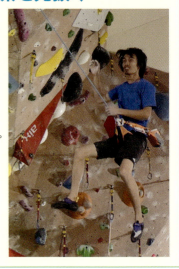

CHECK POINT

1. ルートの構成要素を見抜く
2. 手と足の位置を確認する
3. ムーブの連続の流れを確認する
4. 核心の要素を見抜く
5. レストポイントを見抜く
6. クリップポイントを確認する
7. 安全性を確認する
8. やったことのない
アイデアにチャレンジ

戦略を考えて登ることで完登の確率を上げる

　ルートには起承転結があり、ドラマがあります。人工壁は人間が登ることが前提ですが、自然壁は人間とは関係なく元々存在していたもので、同じ課題は1つとしてなく個性豊かです。だから乱暴に勢いで登るのではなく、自分を合わせる必要があります。「どんなルートなんだろう？」と戦略を考えて登ることで完登の確率を上げることができます。核心やレスト、クリップなどあらゆる角度から分析しましょう。

POINT 5
レストポイントを見抜く

追い込まれてむやみに体力を減らす前に積極的にレストをしましょう。

POINT 6
クリップポイントを確認する

安全性を確保しつつ、なるべく力をロスしない位置でクリップしましょう。3つの基本的なクリップを紹介します。

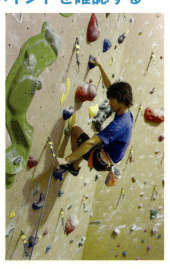

目標のルートの内容を知る

POINT 7
安全性を確認する

不安や恐怖心を軽減し、安全にパフォーマンスを発揮するために落ちるポイントなど安全性を確認しておきましょう。

POINT 8
やったことのないアイデアにチャレンジ

普通に登るのではなく、いつもやらない登り方にチャレンジすることで、想像力や発想力の枠を広げ、凝り固まったクライミングスタイルをほぐしていきます。

コツ 04

PART 1 目標のルートの内容を知る

ルートの構成要素を見抜く

一つ一つの要素を書き出して全体のストーリーを見抜く

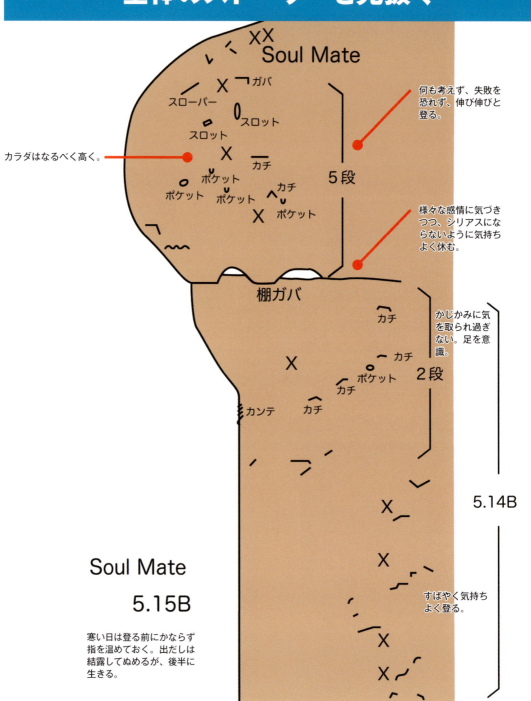

CHECK POINT

❶ オンサイトの場合なるべく多くのパターンを予測する
❷ レッドポイントの場合イメージを思い出す
❸ 構成要素を見抜いたら実際に図に描き起こす

できるだけ細かい部分まで見ていく

ルートを構成している要素はたくさんあります。手足の順番やレストポイント、核心、クリップ、疲れやすいパート、リスクのあるパートなど……。それぞれが繋がって1本のルートになり、それを登ることでまた僕たちの中にも様々な反応が起こります。

それら一つ一つを明らかにし、そのルートのストーリーを書き出していきましょう。

POINT ❶
オンサイトの場合なるべく多くのパターンを予測する

オンサイトの場合、すべての動きを予測することはできません。ルートを構成する要素をすべて観察し、なるべく多くのパターンを予測します。1つの動きのアイデアにとらわれず、様々な動きや状況を予測することで、自然とベストな動きが導き出されるでしょう。

POINT ❷
レッドポイントの場合イメージを思い出す

レッドポイントの場合、動きだけでなく登っているときの精神状態までイメージします。反対にイメージが明らかでない部分は実際に現場で登ったときの流れを大切にしましょう。同じルートをトライしている友人と相談してみることも新たな発見につながります。

POINT ❸
構成要素を見抜いたら実際に図に描き起こす

左のP20の図は、僕が実際に登ったあるルートを図に描き起こしたものです。このようなルート図を完成させるには、次のページからのコツ5〜10までの項目を明らかにする必要があります。トライをしながら、手と足の順序、クリップ、核心、レストポイントまで明らかになったら、実際に図を描いてみましょう。図を描くことを何度かくり返すことで、そのうち図を描かなくても、頭の中で、同じようにルートを描くことできるようになります。さらに上級になれば、そのルートを登っているとき、どのような精神状態になるかまで、明らかにすることができるようになるでしょう。

目標のルートの内容を知る

コツ 05 PART 1 目標のルートの内容を知る
手と足を置く位置を確認しよう

手と足をどこに、どの順番で置くかを確認する

POINT ①
手足をバランスよく使って登る

左足を1つ上げ、右足を1つ上げて、そのあとに右手を動かした。

POINT ②
イメージにとらわれず自由な発想も大事

実際に登ったとき、イメージと手足の配置が違っていることがあります。登るときは確認したものを脇に一旦置いて、自由な発想で登りましょう。頭でっかちにならないことが大事です。

CHECK POINT

❶ 手足をバランスよく
　使って登る
❷ イメージにとらわれず
　自由な発想も大事
❸ 壁を見なくてもイメージ
　できるようになる

手足をバランスよく使おう

　手足を置く位置や順番は最も基本的な確認事項です。単純に地上から完登までの間に、両手両足をホールドに対してどの位置に置いて登っていくのかを確認します。自分にとって最適な位置をイメージしましょう。この確認ができるようになることでホールドの位置を覚えられるようになります。また、足をあまり使わず、手ばかり使って登ってしまう傾向がある人も、バランスよく手足を使って登れるようになります。

左手を少し上に動かし、右足をヒールフックから爪先に変えた。

左足を上げた後に、右手を動かした。

目標のルートの内容を知る

POINT ❸

壁を見なくてもイメージできるようになる

手と足の確認ができるようになると、実際のルートを見ずにホールドの配置を思い描けるようになり100%ホールドの配置を覚えられるようになるので、壁を見なくてもイメージしやすくなります。

NEXTステップ！

ルートを見ただけでわかるようになる

ルートを見ただけで、どういう動きをするか、ある程度登ったときのムーヴや身体的負荷が見えるようになります。手と足を置く位置のイメージ練習をしっかり行いましょう。

コツ 06 PART 1 目標のルートの内容を知る
ムーブの連続の流れを確認しよう

無意識に良い登りができるように
事前に地上で確認しよう

ムーブは常に連動していることを意識しよう

リードはボルダリングと違い、多いときは100手以上もあります。実際に登っているときは一つ一つの動きを考えている余裕はありません。そのため、ムーブの連続の流れを事前に確認しておくことが大切です。事前に確認することで、登っているときに無意識に流れが思い起こされてより良い登りにつなげることができます。ムーブは連動しているので、一連の動きをイメージして感じましょう。

CHECK POINT
1. 無意識のイメージに助けられる
2. カラダを動かしながら頭の中でイメージ
3. 繊細によりリアルにイメージをする

POINT ❶ 無意識のイメージに助けられる

登っているときは、ほとんど考える時間も思い出す時間もありません。迫りくる疲労の中、必死になって登っていることでしょう。登る前にイメージの中でしっかり「体感」することで、実際に登ったときに無意識にそのイメージが助けてくれるでしょう。

POINT ❷ カラダを動かしながら頭の中でイメージする

地上でムーブを確認しているとき、ホールドの位置を覚えていたら、目をつむって頭の中でイメージすると集中できます。実際に壁を登っているようにカラダを動かしながら細かい部分までイメージします。ホールドや動きを忘れたら、再度壁を見て確認しましょう。

POINT ❸ 繊細によりリアルにイメージをする

ムーブだけでなく腕がパンプしてくる感じや、息が荒くなる感じなど、より細かくイメージします。緊張感を感じたり、うまくいかない状況に陥ったり、「こうすれば大丈夫」だと危機的状況を乗り越えていくこともイメージできるようになると、地上で確認することの面白さに気づくでしょう。コンペであれば、会場の人々が自分を見ている感覚や、岩場であれば、匂いや景色なども意識すると、よりリアリティを持って体感できるようになります。例えば、「岩場のあるホールドが濡れている」という状況までイメージしておくと、実際にその状況になったときも安心して対処できるようになります。

目標のルートの内容を知る

コツ 07 | PART 1 目標のルートの内容を知る
核心の要素を見抜こう

核心の位置やムーブを確認し
力を温存して登り切ろう

CHECK POINT

1. 核心の位置を確認し、その内容を見ていく
2. 核心到達までの疲労度や精神状態も計算しよう
3. 安心して登れるように安全性も確認しておこう

核心はそのルートを登る上で最も重要なパート

核心はそのルートで最もキーになるポイントです。ボルダリングはリードの核心の部分だけを切り出したものとも言えます。その核心にはどんなパワーやカラダの感覚、身体的・精神的なゆとりが必要かを感じてみましょう。

核心に到達するまでになるべく疲労せず、精神的にもゆとりを持った状態であることも非常に重要です。

POINT 1

核心の位置を確認し、その内容を見ていく

地上でオブザベーションするときに、核心はルートのどの位置にあるか確認、または予測しましょう。その動きの構成要素（カラダの位置や保持の仕方など）もわかるところまで見ておきます。さらに、どのくらいの疲労までなら、その核心がこなせるかもしっかりと想像できると核心までの流れでやるべきことが明確になってきます。

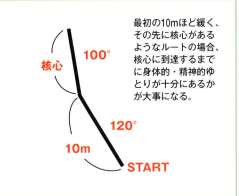

最初の10mほど緩く、その先に核心があるようなルートの場合、核心に到達するまでに身体的・精神的ゆとりが十分にあるかが大事になる。

POINT 2

核心到達までの疲労度や精神状態も計算しよう

核心の構成要素がわかったら、次はそこまでの疲労度や精神状態も見ていきましょう。なるべく疲労せずに、精神的にもゆとりを持って核心に到達できるようにしましょう。核心の手前の最後のクリップがどこなのかも、ここで見ておきましょう。時には自分の実力に合わないルートを選択していて、核心に到達するまでに、かなり疲労してしまい、核心でまったく対応できないときもあります。そのことに自分で気付かず、何ヶ月も同じルートへのチャレンジを続けてしまう人もいるので、冷静に判断して、身の丈に合っていないことに気付いたら勇気を持って違うルートに移ることも大切です。

POINT 3

安心して登れるように安全性も確認しておこう

僕はスペインのあるルートを登ったとき、核心が遠いランジにあり、失敗してカカトを打撲したことがあります。それ以来、その核心に恐怖心を持つようになってしまいました。そうならないように事前に安全性を確認しておきましょう。また、つらい体験をしたルートを、登り切ることができれば、成功体験に変換することができます。

目標のルートの内容を知る

コツ 08　PART 1　目標のルートの内容を知る
レストポイントを見抜こう

**核心の前や疲労する前に
積極的にレストをしていこう**

CHECK POINT

① 追い込まれる前に積極的なレストをしよう
② 精神的に落ち着き過ぎることに注意
③ ルートを楽しむ気持ちに戻る

むやみにレストすると体力を無駄に減らしてしまう

レストは身体的にも精神的にもゆとりをもたらす素晴らしいものです。しかしルートは必ずしも僕たちが休みたいポイントでレストさせてはくれません。休めるポイントでしっかりとレストし、切り抜けていくところはネガティブに休まずどんどん攻めていくことが重要です。また一瞬のシェイクがキーになるときもあります。その人に合った最適のレストを見つけましょう。

目標のルートの内容を知る

POINT ❶
追い込まれる前に積極的なレストをしよう

レストには積極的なレストと、追い込まれてするレストの2種類があります。写真のように、腕がパンプしてヒジが上がっていてクリップもできない、追い込まれている状態でレストをしても、やがて落ちてしまいます。その前に積極的なレストをしていきましょう。

POINT ❷
精神的に落ち着き過ぎることに注意

レストは肉体的に回復しますが、精神的には一度落ち着いてしまうため、そこから登りを再開するときに、苦しく感じることがあります。長くレストしたときは、そこからはじまるパートに気持ちを合わせましょう。息を大きく吐いたり、少し声を出すことも助けになります。

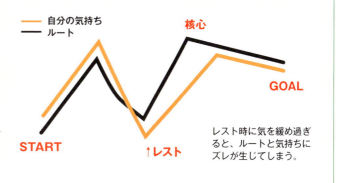

レスト時に気を緩め過ぎると、ルートと気持ちにズレが生じてしまう。

POINT ❸
ルートを楽しむ気持ちに戻る

レストしていると、様々な思いがよぎります。ときには今までよりも苦しい状況に追い込まれていて、自信がなくなっているかもしれません。しかし、いかなる状況でも、今置かれている状況を理解して、目の前にあるクライミングを最大限に楽しむ気持ちに切り替えましょう。

コツ 09

PART 1 目標のルートの内容を知る

クリップポイントを確認しよう

3種類のクリップする位置を意識して使い分けよう

CHECK POINT

❶ カラダより上のクリップを事前にかける
❷ 目の前にある確保支点にクリップする
❸ 腰の少し下の位置でクリップする

クリップは大きく力をロスするポイント

　的確なポイントでクリップし、体力を温存することは中級者でも意識していない人が多いです。クリップは大きく力をロスするポイントです。安全性を確保しつつ、なるべくロスしない位置でクリップしましょう。「カラダより上」「目の前」「腰より下」の３つが基本ですが、ルートの難易度が高いと、クリップポイントが決まってくるので、３つの違いを理解した上で、最もクリップしやすいものを選択しましょう。

POINT ❶

カラダより上のクリップを事前にかける

カラダよりも上にクリップをかけるときは、ロープをたぐって、途中でロープを口で噛み、さらにロープをたぐってクリップするので、数m先まで登っても安全確保できますが、最も負荷がかかるのがデメリットです。

POINT ❷

目の前にある確保支点にクリップする

目の前でクリップをかけるので、ロープをたぐる時間が短く、疲労度も少ないです。カラダより上にかけるより距離は少ないですが、これが最もスタンダードなクリップなので、多用していきたいです。

POINT ❸

腰の少し下の位置でクリップする

腰の少し下の位置にある確保支点にクリップします。最もスピードが速く、力のロスが少ないですが、安全確保の領域が最も少ないです。クリップをかけても、またすぐに次の確保支点にクリップする必要があります。

目標のルートの内容を知る

コツ 10 PART 1 目標のルートの内容を知る
安全性を確認しよう

不安や恐怖心をなくすために落ちやすい場所の確認をする

CHECK POINT

1. 落ちるポイントの安全性を見ておこう
2. 落ちるイメージはしないように
3. 恐怖心に飲み込まれないように

ビレイヤーと事前に相談しておこう

　安全性はパフォーマンスに大きく影響します。そのルートの安全性が気になっていると、何回もトライしたことがあるルートでも、不安や恐怖心から実力を十分に発揮できません。不安や恐怖をなくすために、落ちやすい場所や、落ちる可能性は低いけど安全性が確保されていない場所など、登る前に確認しておきましょう。ビレイヤーと相談して、落ちやすい場所を注意してもらうだけで、安心感が生まれます。

POINT ❶

落ちるポイントの安全性を見ておこう

ビレイヤーと一緒に、あらかじめルートのどの辺が落ちやすいポイントか、落ちたときの安全性が確保されているか、確認しましょう。ビレーヤーはクライミング中に危険な状況だと判断した場合は、冷静にクライマーとコミュニケーションを取ります。

POINT ❷

落ちるイメージはしないように

落ちる可能性は低い場所だけど、落ちたときの安全性も低い場所は自然の岩場ではよくあります。登る前にチェックしておきましょう。ただし、イメージすると現実化しやすいので気をつけましょう。深刻に考え過ぎずに頭の片隅に置くくらいにしましょう。

POINT ❸

恐怖心に飲み込まれないように

壁の上部まで行き、壁や地面に当たることがなく安全性が高い場所でも、恐怖心が襲ってくることがあります。安全性が間違いなく確保されている領域を事前に明確にしておくことで、恐怖心に飲み込まれることを防ぐことができます。

目標のルートの内容を知る

コツ 11 PART 1 目標のルートの内容を知る
やったことのないアイデアにチャレンジ

あえていつもと違う登り方で発想力を豊かにしよう

CHECK POINT

1. 足を意識して使ったり変化をつけてみよう
2. あえてクリップを1つ飛ばしてみる
3. 突飛なアイデアでマンネリを回避しよう

新鮮な気持ちで
もう一度登ってみよう

ルートの戦略はその人の発想次第で変わります。いつも同じ登り方をするのではなく、ときには想像力や発想力の枠を広げるために、やったことのないチャレンジをしてみましょう。いつもより速く登ってみたり、わざとクリップを1つ飛ばして登ってみたり、思いきり力を抜いてみたり。こういったチャレンジをすることで、より新鮮な気持ちで登れます。そして、新たな可能性が開けるきっかけにもなります。

POINT 1

足を意識して使ったり変化をつけてみよう

リードは手ばかりで登ってしまい、足がおろそかになりがちです。足をもっと信頼して、意識的に使うようにしましょう。また、あえて力を抜いて登ってみたり、いつもより速く登ってみたりと変化をつけてみましょう。

POINT 2

あえてクリップを1つ飛ばしてみる

安全性を考えたら、クリップをしっかりかけて登っていくことは大事ですが、練習なのであえて簡単なパートのクリップを飛ばすチャレンジをしてみるのも面白いです。また、疲れる位置にあるクリップは飛ばしてみるのもいいでしょう。

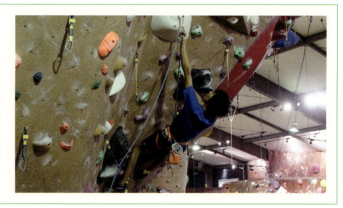

POINT 3

突飛なアイデアでマンネリを回避しよう

いつも同じ登り方でルーティン化している人や、クライミングに対してマンネリ気味な人は、遊び心をもって登ることもとても大事です。特にリードは、1日でトライできる回数も限られているので、遊び心を持ってチャレンジすることができず、シリアスになりがちです。より伸び伸びとクライミングを楽しむためにも、「失敗してもいい」という意識を持ってチャレンジしてみましょう。また、登り方に関するアイデアに限らず、登る場所や新しいクライミングスタイルなど、様々な方向性で挑戦してみましょう。どこまで突飛なアイデアを思い付けるかはその人次第ですが、もう一度新鮮な気持ちでクライミングを楽しむことができるでしょう。

目標のルートの内容を知る

column
02

生まれ持ったものは人それぞれ。
自分のクライミングを楽しもう

　W杯優勝者が、「クライミングは登れなくても楽しいよ!」と言ったら、あなたはどう思いますか?　これは多くの経験を積んだからこそ言える、クライミングの本質だと思います。クライミングの世界は実力社会です。強さ、凄さに繋がるものは昔から評価されてきました。「世界初」「世界最強」「世界で最も美しい」、そう言ったものに価値が置かれてきました。僕もその影響を受けた一人です。それらを達成した価値や喜びを知ることができてなお、「人間の価値は実力のみなのか?」という思いがあります。これは僕がずっと向き合っている課題です。

　世界最難課題を登るクライマーと、今日初めて登る子どもたちの経験に優劣をつけることなどできません。僕たち人間は、深いところでは何も持っていない。いや、むしろ全てを持っている。大切なことは、新しい何かを得ることではなく、「今」全てがここに在ると気付くこと。それらがしっかりと腑に落ちたとき、無垢な子どもの純粋な歓びの価値が分かるのかもしれません。

　それは、何も登れない素っ裸の僕が堂々と生きることを楽しむことだとも言えます。そんな次元に到達していないことは、自分が一番よく分かっています。カッコいいことを言うのは簡単だけど、それを体現することはとても大変なことです。分かっているようで全然分かっていない。でも少しずつ、クライミングと共に分かり、体現したいと思っています。

PART 2
レベルアップするための技術

コツ 12

PART 2 レベルアップするための技術

無駄な動きを省こう

無駄な動きでチャンスを逃さないように常に自分のクライミングを見直そう

CHECK POINT

1. 追い込まれて何度も
チョークアップをする
2. 悪循環に飲み込まれない
ようにしよう
3. どこが無駄だったかを
振り返ろう

登ったあとに自分のクライミングを確認

　無駄な動きが積み重なると体力をロスしてしまいます。普段の登りの中で無意識にやっていることがないか、チョークアップやクリップ、レストなど基本的な動きを一つ一つ見直して、無駄を省きましょう。

　登りの中で苦しくなってきたときは、特に注意が必要です。悪循環に飲み込まれず、冷静さと勝負の気持ちを持って切り抜けましょう。

POINT 1
追い込まれて何度もチョークアップをする

疲労がピークになったり、どう登ればいいかわからなくなったりして、追い込まれてしまうと無意識に何度もチョークアップをしてしまいます。止まっていると体力を奪われるだけなので、テンポよく登っていきましょう。

POINT 2
悪循環に飲み込まれないようにしよう

疲労が蓄積し、フォールするのを恐れて悪循環にはまっている人をよくジムで見かけます。焦って悪いホールドで休んだり、数手先にガバがあるのに、手前でクリップしたり……。このような場合は、いち早くその苦しいパートを切り抜けて落ち着くのが一番です。

POINT 3
どこが無駄だったかを振り返ろう

ときには無駄な1回のレストや、一瞬の躊躇で大切なチャンスを逃すこともあります。登り終えたあと、自分のトライを振り返り、どこに無駄があったかを振り返りましょう。必要なクリップポイントはどれか、登るスピードはあっているか、チョークアップは適切か、悪循環に陥ったところなど、より細かく見ていきます。そうする

〈振り返る際のチェック項目〉
・必要なクリップがどれか
・登るスピード
・無意味なチョークアップ
・悪循環に陥った場所

ことで、よりそのルートを深く理解し、無駄のない登りが育ちます。

レベルアップするための技術

コツ 13 PART 2 レベルアップするための技術
脱力をする

力を抜くことでより良い
パフォーマンスを発揮できる

CHECK POINT

❶ クライミングには力が
　それほど必要ない
❷ 限界の中でも脱力した
　状態が力を発揮できる
❸ 力を抜くことで精神的な
　緊張を緩める

いかに脱力できるかが
クライミングには重要

　クライミングをする上で、脱力は永遠のテーマとも言えます。壁を登るのに力が必要だと思いがちですが、実はルートが難しくなるほど高度な脱力の技術が必要になってきます。力を抜いてリラックスしている方が、肉体も緊張せず、いざというときに力を出すことができます。また、精神的な緊張も抜くことができるので、より良いパフォーマンスを発揮することができます。

POINT ❶

クライミングには
それほど力が必要ない

クライミングにはそこまで力が必要ありません。それは自分の限界の1～2下のグレードを登ればわかります。脱力した状態で全身の力を連動させることで、最も楽にそのルートを登ることができますし、クライミングの気持ちよさを感じることもできます。

POINT ❷

限界の中でも脱力した
状態が力を発揮できる

壁から落ちそうなとき、できる限りの力を込めると思います。しかし、最大限の能力を発揮するには、矛盾するようですが力を抜くことが大切です。脱力した状態は、そこから力を入れることができる状態とも言えます。そのため、常に脱力していることが大事です。

POINT ❸

力を抜くことで精神的な
緊張を緩める

より気持ちを落ち着かせて素晴らしいパフォーマンスを発揮するためには、カラダの力を抜いておくことが非常に重要です。しかし、精神的に緊張を抱えていると、カラダも間違いなく緊張して強ばってしまいます。裏を返せば、力を抜くことで精神的な緊張を緩めることができるのです。そして、ある程度、クライミングの経験を積んで本当に登りたいルートをたくさん登ってきた人は、自分のクライミングに非常に満足していると思います。そんな人にとって、この「脱力」というテーマの延長線上にある、ルートとの一体感の追求は、さらに壮大なテーマであると思います。

レベルアップするための技術

コツ 14 PART 2 レベルアップするための技術
呼吸への意識

頭で考えるのではなくフローに乗って登ることができる

CHECK POINT

❶ 呼吸とともに
　思考から感覚へ
❷ 呼吸で動物的な力を
　引き出していく
❸ 重心を下へ移動し
　下半身の力を使う

呼吸に意識を向けて登ってみよう

「どうやったら登れるだろう？」と様々な技術や戦略を思考レベルで整理することは大切です。しかし考えながら登れる人がいるでしょうか？　登るときは思考から離れ、感覚を開いていく必要があります。その鍵となるのが呼吸です。深く内側を広げていくように呼吸することは、落ち着きを深めたり、動物的になることを助けます。登る10分ほど前から少しずつ呼吸に意識を向けましょう。

POINT ❶

呼吸とともに思考から感覚へ

登る前に、地上でルートの構成要素を見抜いたり、オブザベーションをすることは大事ですが、多くの人は思考的な状態にあります。しかし、登るときはより感覚的に動物的に伸び伸びと登りましょう。呼吸はそのモードを切り替える上で大きなカギとなります。

POINT ❷

呼吸で動物的な力を引き出していく

クライミングをしていると、様々な思いが頭をよぎるでしょう。しかし、クライミング中に爆発的な力を発揮するには、余計なことを忘れて、動物的になる必要があります。腹の底から深く呼吸することを意識していくことで、より動物的なスイッチが入っていきます。

POINT ❸

重心を下へ移動し下半身の力を使う

人によって重心の位置は異なりますが、多くの若いクライマーは、重心が非常に高い傾向にあります。より下半身の力を使っていくには、全てのエネルギーを下におろすように、深く呼吸をしましょう。すると、よりリラックスして、落ち着きが深まり、下半身への意識が高まります。そして、足への信頼が高まります。重心の移動は、人工壁のコンペでよく足が滑ってしまう人や、傾斜が緩くなったときに苦手意識を持つ人に有効です。また、自然の岩では、花崗岩のスラブや、足に力強く踏み込んでいく動きのときなどにも有効です。

レベルアップするための技術

コツ 15　PART 2 レベルアップするための技術
1トライの重要性を認識しよう

本気でトライすることがレベルアップにつながる

CHECK POINT

1. 1回毎のトライを最高に楽しもう！
2. 人生は短いので日々の練習を大切に
3. 本気でトライして限界を拡大してい

大会でもジムでも登ることは変わらない

　全力を出したトライは1日数トライしかできません。その1トライを本当に本気で登ることができるかが、レベルアップやクライミングを楽しむことに大きな影響を与えます。大会であっても、ジムでの練習であっても、1トライの重要度は人間の深い体験のレベルでは全く持って変わりません。ジムで練習しているときでも、大会で登るのと全く変わらない、同じ時間を過ごしているのだと考えて、本気で登りましょう。

POINT 1

1回毎のトライを最高に楽しもう！

私たちには「目標達成するにはコツコツと厳しい毎日を送らなければ」という固定観念があります。しかし、目標を達成したときのように、幸せな気持ちを毎トライごとに感じることができます。1回毎のトライを2度と来ないトライだと思って最高に楽しみましょう。

POINT 2

人生は短いので日々の練習を大切に

10代、20代、30代と年を重ねていくと、様々なクライミングのスタイルを体験しながら、たくさんのテーマと向き合うことになります。今、向き合っているテーマとともにいられる時間も実はそれほど長くありません。そして、「今目の前にある取り組もうとしているルート」が、そのテーマに大きな影響を与える可能性があります。

僕も10代～20代前半はコンペ、そこからリピートというスタイルに変わり、開拓にシフトしていきました。一つ一つのテーマに「あのルートのあのトライがなければ、今日のこれはないよね」というトライがあります。そのトライの土台になっているのが、日々の練習です。1つの練習、1トライ毎が経験になるので大切にしましょう。

POINT 3

本気でトライして限界を拡大していく

1トライに本気でトライすると、様々な限界に触れることになり、だんだんと1トライの中に注ぎ込むことができる集中力やエネルギーが増えます。人間は限界値に触れているときは、苦しいし、つらくて逃げたくなります。肉体的にも精神的にも限界で、脳が正常ではなくなってしまいます。そこから離れることは簡単です。落ちてし

まえばいいのです。しかし、その限界の中でリラックスし、呼吸ができなければなりません。限界を越えていくには、そのトライに対する強烈なコミットメント（「それに自分を投じます」という決意）が必要です。このトライしかないんだという意識を持ち、一回その限界を超えると、次に同じ状況になっても大丈夫になります。

レベルアップするための技術

コツ 16 PART 2 レベルアップするための技術
登るモチベーションを確認しよう

無理にモチベーションを上げず
客観的に確認しておく

CHECK POINT

1. やる気がないときは無理に頑張らない
2. 気持ちが下がっていることが悪い状況ではない
3. 燃えるようなモチベーションを逃さない

やる気に波があるのは自然なこと

モチベーションが上がらない、毎週ジムには通っているけど、壁に登らず友達と話をしてばかりで最近やる気が出ない、という時期はあるものです。長年クライミングを続けていると、波ができるのが自然です。そのようなときは、無理にモチベーションを上げる必要はありません。むしろ普段から自分がどういう状態にあるか客観的に確認しておくと、練習や大会など自分に合ったタイミングで行うことができます。

POINT 1
やる気がないときは無理に頑張らない

ジムには来たけど、壁に登る気分ではないとき、無理に頑張る必要はありません。ジムで友達とおしゃべりをするなどして、またモチベーションが上がってきた瞬間を逃さないようにしましょう。

POINT 2
気持ちが下がっていることが悪い状況ではない

気持ちが下がっていたり、元気がないときは必ずあります。そして、それが長期間続くこともあります。そんなときは、実は自分が続けてきたことに疑問があったり、深いところで疲労を感じていたり、様々なことが原因で起こっています。僕もたくさんの成果を残す年もあれば、クライミングスタイルの変化とともに、ひっそりと過ごすときもありました。今の自分の状態を客観的に観察し、素直な気持ちを大切にしましょう。無理に元気を出すと、そのゾーンを抜け出すのが大変です。無理にモチベーションを上げる必要もないし、反対にネガティブな気持ちを掘り下げていかなくてもよいです。自分に素直にいることが一番の近道です。

POINT 3
燃えるようなモチベーションを逃さない

時々、どうしてなのか自分でもよくわからないけれど、とんでもないやる気を感じるときがあると思います。そんなときは、細かいことは気にせず、思いきりそのモチベーションを爆発させましょう。僕の体験では、スペインにある5.14Dというルートで、その日5トライして、5トライ目で完登したことがあります。その日は今でも印象的な燃えるような1日でした。常識的に5トライ目でそのルートを登ることは珍しいことで、今でも思い出す素晴らしい1日です。そういう日は、今までよりクライミングの可能性が広がる1日でもあります。思いきり楽しみましょう。

レベルアップするための技術

コツ 17 PART 2 レベルアップするための技術
ビレイヤーとのコミュニケーション

**信頼関係が強くなるほど
より良いクライミングにつながる**

CHECK POINT

① 普段から相談しあえる関係性が大事
② ビレイヤーは落下しそうな地点を予測しておく
③ ロープで落ちる位置を調整したりやむを得ない場合は声掛けも大事

安全を確保するためにも話し合いは大切

ビレイもリードを構成する要素の1つです。クライマーが快適にクライミングをし、安全を確保するためには、ビレイヤーとのコミュニケーションが大切です。地上にいるときにルートをどのように登るか、どこにフォールするかなど確認しておき、壁を登っているときも、声を掛け合いながら登っていきましょう。ビレイヤーへの信頼感が安心につながり、より大胆なクライミングができるようになります。

POINT ❶

普段から相談しあえる関係性が大事

普段から「今、壁に当たったけど、もっと落とした方がいい？」とか「落ちたときに壁に当たるから、もう少しロープを出してくれる？」など話しができる関係性を作るためにコミュニケーションを取ることが大事です。

POINT ❷

ビレイヤーは落下しそうな地点を予測しておく

クライマーが落ちそうなときは、的確にどこに落ちるかを予測しながらビレイをします。ビレイヤーは、ジムなどで普段から人の登りを見て、フォール位置の予測力を育みましょう。また、クライマーにフォール位置を尋ねることも重要です。

POINT ❸

ロープで落ちる位置を調整したりやむを得ない場合は声掛けも大事

Zクリップや危険なランナウト、クライマーがパニックになってしまうなど、様々な危険な状況がクライミングにはあります。ビレイヤーが危険を感じたときは積極的にクライマーに話しかけ、適切な対処をしましょう。

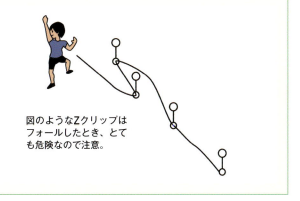

図のようなZクリップはフォールしたとき、とても危険なので注意。

レベルアップするための技術

column
03

敬意と共にクライミングと 出会い直そう

　クライミングを深くとらえることは、何よりも大切だと思います。今、クライミングの世界で当たり前のことが、いつまでもそこにあり続けるとは限りません。目まぐるしい社会の変化の中で、クライミングというのは実に不安定なものの上に立っています。例えば20年後、クライミングは今と変わらない姿で存在しているでしょうか？　それは誰にも分かりません。

　表面的な価値は脆く崩れ去る可能性があります。そこには深く地に根ざしているものがないからです。でもクライミングを深くとらえることができたら、音楽やヨガのように文化として根付き、人間を本質に導く真実のものになります。それを人間が大切にすることができたら、それは永遠です。

　いや、もしかしたら、クライミングはすでに深く根ざしているのかもしれません。それを表面的に見るか、普遍的に見るか、一時的なものにしてしまうか、永遠のものにするかは、人間次第なのかもしれない。そう思うと、クライミングに対して敬意と共に改めて出会い直そうという気持ちが湧いてきます。

PART 3
リード上達のための
トレーニング法

コツ 18　PART 3　リード上達のためのトレーニング法
練習スタイルの確認

自由に練習するタイプか
コツコツタイプか確認しよう

> **CHECK POINT**
> ❶ 自分のスタイルを
> 　確認してみよう
> ❷ いつもと違うジムや壁で
> 　可能性を広げよう
> ❸ 自由に練習タイプの人は
> 　コツコツ練習してみよう

いつもと違うスタイル、場所を試して刺激を

　リードは10代の人もいれば50代以上の人も楽しめます。その反面、週に1回しか時間が取れない人もいれば、週に3〜4回ジムに通っている人もいて、自ずと練習内容も変わります。コツコツと地道に練習するタイプと、自由にそのときの調子によって内容を変えて練習するという人もいるでしょう。自分はどちらのタイプか確認してみましょう。そして、たまにはいつもと異なる練習をするのも良い刺激になります。

POINT ❶

自分のスタイルを確認してみよう

　練習スタイルには「コツコツ練習する」タイプと「自由に練習する」タイプの2つがあります。前者は、似たような練習方法を同じ場所で長期的にくり返し練習するスタイルで、後者は、その日その瞬間、自分のやりたいことを繊細に感じ、その感覚に従って練習するスタイルです。僕の場合は、性格的にコツコツ練習するタイプで、ワールドカップで総合優勝する前年まで淡々と粘り強く練習していました。優勝した年からより自分のその日の感覚を大切にするようになり、自由に練習するようになりました。その2つを体験した今、どちらの要素も人間にはあり、上達する上で、どちらも必要だと感じています。自分のスタイルを確認しましょう。

POINT ❷

いつもと違うジムや壁で可能性を広げよう

　コツコツ練習する人は、粘り強く練習する反面、慣れた環境から離れることが苦手ですが、あえて、今まで行ったことがない場所に行けば、違う刺激を受けることができます。一瞬ごとに移り変わる気持ちに繊細になって、その瞬間、やりたいことに素直になりましょう。

POINT ❸

自由に練習タイプの人はコツコツ練習してみよう

　自由に練習するタイプの人は、最後まで粘り強く物事と向き合うことが苦手です。より大きな目標を達成していくために、コツコツ練習することも身に着けていきましょう。地道で変化が少ない練習をいつも同じ場所で、淡々とくり返すことがその助けになります。

リード上達のためのトレーニング法

コツ 19

PART 3 リード上達のためのトレーニング法

1日の練習の流れ

最初の2本が1番のトライで その後だんだんと緩めていく

1日の練習の流れ（リードの基礎的な練習例）

| ウォーミングアップ | トレーニングをはじめる前に、ケガをしないようにウォーミングアップをしっかりと行おう。 |

| 1本目・2本目のトライ | 最初の1・2本目のトライは、体調が万全なので、1日の練習の中で1番ピークのトライだと意識して登ろう。 |

| 3本目のトライ | 3本目は、少し疲労を感じてきているので、2本目より少し負荷を下げた内容で行おう。心地よい疲労感の中での3本目のトライは非常に面白い。 |

| 4本目 | 生き生きとした力強さがだいぶ失われてきている4本目は、3本目と同じか、少し優しいレベルにトライしよう。疲れていて、全然ダメなときもあれば、想像を越えた奇跡的なトライをすることもある。 |

| クーリングダウン | あまり追い込み過ぎずに、数字を1つくらい落として、気持ちよくクライミングを楽しもう。（5.12Cをやっている人は5.11Cにするなど4グレード落としてみる） |

CHECK POINT

1. 週に3日、1日4時間を目安に練習している
2. 鍛えることに捕らわれ過ぎないように
3. 誰にでも成長するポテンシャルがある

レベルを変えながら1日トータル10本前後登る

リードの基礎的な練習を紹介します。まずウォーミングアップをしっかり行います。最初の2本は、1番ピークのトライになります。1日のうち、良いトライは1〜2回しかできません。3本目は2本目と同じか、少し負荷を下げて行います。疲れてきたときに少し難しいレベルの課題を行うイメージです。これが一番おもしろいトライとも言えます。そこから少しずつなだらかにレベルを下げていきながら登ります。

POINT ①

週に3日、1日4時間を目安に練習している

左ページは僕が最も基本としている練習法です。4本のトライに全力で集中していくことで、どのレベルの人も肉体を鍛えることができ、リードを楽しむことができます。週1でも週3でもよいです。1週間の間にボルダリングの練習もうまく組み込んで行いましょう。

ウォーミングアップ	10B→10D→11B→11C
1〜4本目のトライ	12D→12D→12C→12C
クーリングダウン	11C→11B

POINT ②

鍛えることに捕らわれ過ぎないように

トレーニングをするときは、カラダを鍛えるという視点に捕らわれ過ぎないようにしましょう。自分は実力がないとか、力が弱いとか、最近全然練習できていないとか、そういうことはあまり気にせず、そのトレーニングを最大限楽しんでいきましょう。

POINT ③

誰にでも成長するポテンシャルがある

大半の人は「自分はこうだ」と決めつけています。「痛い」「怖い」と思う場面でも、誰にでもそれを乗り越えるポテンシャルが備わっています。子どもがどんどん成長していけるのは、自分で限界を決めるということがないので、自分の殻を破っていけるのです。大人になると、様々な経験を経て、自分の限界というものを決めつけてしまいがちですが、大人であっても、自分のカラダにはまだポテンシャルがあると信頼して、どんどんチャレンジしてみましょう。また、成長する方向性は無数にあります。視野を広く持って、日々練習をしていきましょう。

リード上達のためのトレーニング法

コツ 20 PART 3 リード上達のためのトレーニング法
ボルダリングの重要性

ボルダリングはリードの核心部分につながる

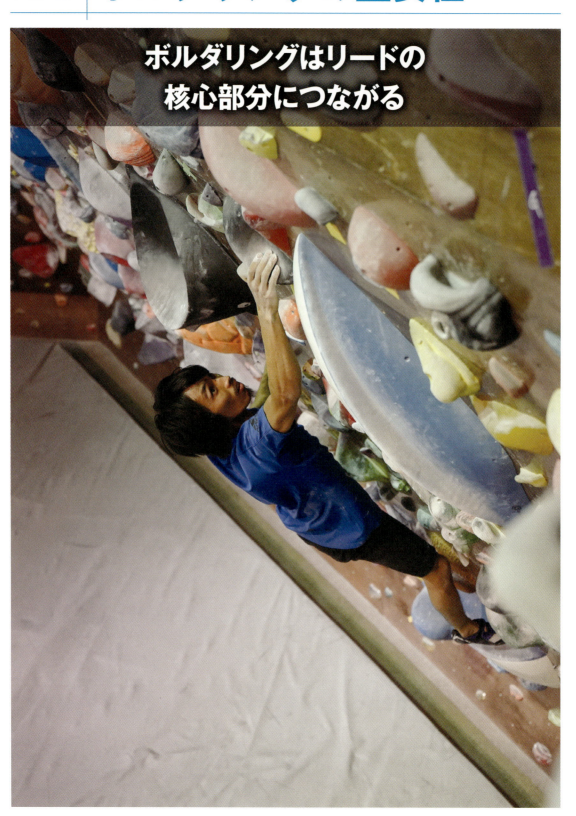

CHECK POINT

1. ボルダリングの能力はリードに直結する
2. 核心のパートはボルダリングそのもの
3. ボルダリング自体を楽しもう

ボルダリングのトレーニングも取り入れよう

ボルダリングはリードの核心の部分を取り出して1つの種目にしたようなもの。リードが上達する上で、ボルダリングの要素はとても大切です。そのため、リードだけでなくボルダリングのトレーニングも取り入れましょう。ボルダリングを深く理解することが、よりリードに生きてきます。

POINT ❶

ボルダリングの能力はリードに直結する

ボルダー能力（ボルダリングの能力）が上がると、リードの1つひとつの動きが楽になります。持久力が無くても、ボルダーの能力が優れていれば、10メートルほどのルートには対応できます。また、外岩のルートで30メートル程の長さがあっても難しいパートが延々続くルートは珍しく、ボルダー能力で切り抜けることができるルートも多いです。また、ボルダー能力とはパワーに限らず、高度な全身の連動性や脱力と瞬間的な力、立体的な感覚など、多岐に渡ります。それらがサポートし合って、一つ一つの動きが楽になるのです。

POINT ❷

核心のパートはボルダリングそのもの

今は1つのグレードの中にも様々なタイプの課題があり、それらを練習すると総合的にボルダー能力が上がります。リードの核心のパートは、そこだけ切り取ればボルダリングで、そのセクションで最も重要です。核心の動きができないときはボルダー能力が大事です。

POINT ❸

ボルダリング自体を楽しもう

リードに主軸を置いている人は、ボルダリングを練習の道具として見る人が多いかもしれません。しかしボルダー能力向上において、ボルダリング自体を楽しむことは欠かせません。ボルダリングの練習の日は、あまり深く考えずボルダリングを楽しむことに集中し、時間があればリードを意識した内容も少し入れる程度が丁度良いです。また、年齢と共にカラダも硬くなり怪我のリスクも上がってきますが、それでもボルダリングと向き合うことをオススメします。トラバースなど、安全に楽しむ方法はいくらでもあります。本書ではコツ22〜25で紹介しますが、楽しみながら取り組みましょう。

リード上達のためのトレーニング法

コツ 21

PART 3 リード上達のためのトレーニング法

ボルダリングの課題①

核心のエッセンスだけを取り出した課題にチャレンジ

MENU ❶

ランジする前の軌道の取り方

■目安・回数
2〜4課題ほど。1課題20分程度で完登できるような強度。(特殊な練習法なので、1日のメインではなく、一番取り組みたい練習の前後にやること。様々な練習の中に少しアクセントとして取り入れてみよう)

■POINT
6手ほどの課題を設定する。1ムーヴ自分の限界かそれより少し簡単なものを入れ、その前後は本当に簡単なムーヴにする（1ムーヴはいろんな種類のものを作ってみよう）。1ムーヴができるまで、保持の仕方、足使い、カラダの動かし方、パワー、メンタルなど様々な方向性から調整する。できたらスタートからゴールまでもう一度登る。

TRAINING MENU ❶軌道の取り方を意識する

効果的なカラダの使い方を鍛えよう

ボルダリングの練習で重要なことは1ムーヴの中にある世界を味わい、理解することです。1手の中に保持力、足の使い方、カラダの動かし方など全ての要素があります。リードは、ムーヴの連続で難易度を感じます。しかし結局のところ1ムーヴの連続でしかありません。その中での集中力や感覚、力を伸ばして行くと、リードの捉え方は大きく変わります。

立体的なカラダの使い方

ボルダリングには無数の感覚やコツ、ポイントがありますが、その中でも立体的にカラダを感じるようになることは非常に大切です。どのような体勢から動くかの選択肢がたくさんあると、的確に次のホールドを抑える完璧なポジションに入れるようになります。

ここで紹介するのは、壁と自分の間の空間の取り方です。上下の写真をよく観察すると、上の方が胸の位置が10センチほど多く壁から離れています。この状態にあると、次のホールドを取りに行くときの軌道の選択肢（壁から離れた状態で取りに行くか、壁に近づいて取りに行くか等）が増えます。また、引き付ける勢いも推進力に変えられる良いポジションと言えます。

下は胸が壁に近い分、これ以上引き付けられないので選択できる軌道も少なく、引きつけるときに生まれる推進力もほとんどありません。また、立体的に動くためには様々なコツや筋力も必要になってきます。クライミングは立体的であることを理解して、徐々にマスターしていきましょう。

リード上達のためのトレーニング法

コツ 22　PART 3　リード上達のためのトレーニング法
ボルダリングの課題②

強度とリスクに対応する課題と苦手な動きの課題にチャレンジ

MENU ❶
同じ負荷が連続する課題

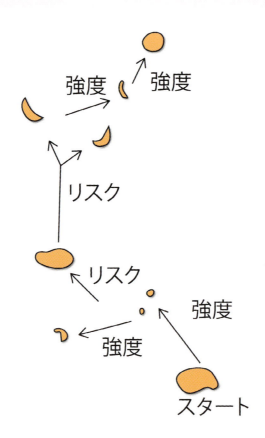

■目安・回数
強度が高い動きを中心に、2ヶ所ほどリスクのある動きを入れる。トータルの難易度が自分の限界かそれより易しいくらいに設定。8〜12手を1日に3〜5課題行う。

■POINT
リードに生きる肉体的、精神的な強化法。注目は強度(保持やパワーなどフィジカル的な難易度)とリスク(コーディネーション系の動きに代表される動きの不安定さ、不確実さといった難易度)の2つ。リスクの要素も組み込むことで、疲労が溜まった状態でもリスクある動きに対応できるようになる。

| TRAINING MENU | ❶同じ負荷が連続する課題
❷苦手な動きの課題 |

繊細に感じながら課題に取り組もう

クライミングは強度(保持やパワーなどフィジカル的な難易度)だけに意識が行きがちですが、リスク(動きの不安定さ、不確実さといった難易度)も大切です。同じ負荷が連続する課題で、リスクも組み込み対応できるようになりましょう。また、苦手な動きの課題を行うことも大切です。特に怪我や特定部分の筋肉の硬さや鈍感さ、感覚の気づきのなさ、全身の歪み、精神的な問題など様々なことに繋がっています。

MENU❷
苦手な動きの課題

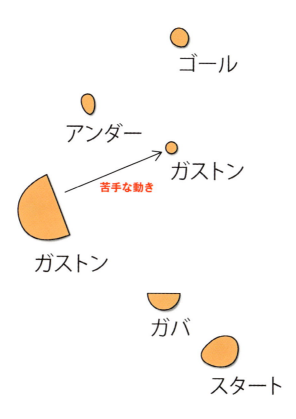

リード上達のためのトレーニング法

■目安・回数
6手ほどの課題を設定し、1ムーヴ苦手な動きを入れる。難易度は限界よりも易しめ。課題を登る意識というより、どうして苦手かを繊細に感じながら行うこと。6手ほどを1日2～3課題行う。

■POINT
この課題を行っているとき、どこかの筋肉に硬さや鈍感さが見つかれば、そこを緩めたり動かしていく努力をしよう。過去の怪我を引きずっていたら、その痛みの記憶や体験がよぎっていることが多いので、少しずつやりながらその中での安心感や信頼感を高めていくこと。時にはトレーナーや整体師などスペシャリストの力を借りることも有効だ。

コツ 23　PART 3　リード上達のためのトレーニング法
ボルダリングの課題③

フォールの恐怖感のない中で保持力や筋持久力を鍛えられる

CHECK POINT

① 長モノの課題
　＜やさしめ＞
② 長モノの課題
　＜ハード＞

ボルダリングの壁で20〜50手の課題を行う

　長モノは僕が最もたくさんやってきた練習法の1つです。この練習法の特徴は、クリップがなく、ビレーヤーもおらず、落ちることの恐怖を一切考える必要がない状態で楽しめるところです。同じ課題を何度もやることで、より根深く動きをカラダに染み込ませることができるし、難しい課題を登りきる様々なプロセスも体験できます。非常に優れた練習法なので、ぜひ試してみましょう。

MENU ①

長モノの課題

＜やさしめ＞

ウォーミングアップ2本
↓
本気の3グレード下1本
↓
本気トライ2本
↓
本気の2グレード下1本
↓
本気の4グレード下1本
↓
クールダウン2本

＜ハード＞

ウォーミングアップ3本
↓
本気トライ2本
（トライ前に少しムーヴをやったりブラッシングして集中力を高めることをオススメする）
↓
本気の1グレード下1本
↓
本気の3グレード下2本
↓
クールダウン（3本）

■目安・回数
週に1〜2日行う。課題の手数は20〜50手ほど。「やさしめ」は目指す完登数7〜8本。「ハード」の方は目指す完登数9〜10本。

■POINT
長モノは環境的にまぶし壁でしかも長時間その壁に張り付くことが許される場所が必要だ。自分のホームジムでそれが可能かを確認して行って欲しい。また、同じ課題を何度もやることが重要になってくる。登る課題がジム側で提供できなければ、自分で作ってみよう。遊び心を持って、自分なりの面白い課題を作ろう。

リード上達のためのトレーニング法

63

コツ 24 PART 3 リード上達のためのトレーニング法
自分で課題を作るときの考え方

課題を作るとホールドとカラダの位置、動き方などがわかってくる

CHECK POINT

1. 1日5〜8課題ほどまず作ってみよう
2. 課題の種類やテーマを持って作ろう
3. 選んだことがないホールドを使ってみよう

ルートを見抜く力も養われる

今の時代、課題はジムの商品になり、クライマーはそれを提供してもらい登るという形が一般的になってきました。

しかし、より自分が向かいたい方向が出てきて、それに合わせたものを登りたいと思ったとき、自分で課題を作ることは大きな助けとなります。また、ルートクライミングでも同じことができます。下から目おいで作成し、オンサイトの練習をしてみましょう。

POINT ❶

1日5〜8課題ほどまず作ってみよう

課題は自分に合ったものを作るのがベストです。はじめは適当なホールドを選んで、実際に登るとどうなるのかやって見ましょう。1日5〜8課題ほど作るといいです。良い課題を作ろうとするより、自分の好きな動きややりたい動きから作るといいでしょう。

POINT ❷

課題の種類やテーマを持って作ろう

課題の種類やテーマを設定して作りましょう。自分で作ることで、よりムーヴの仕組みを理解する助けになります。6級をコンスタントに登れ、5級もタイプが合えば登れるレベルの人なら、自分で作って登ることを楽しみはじめることができると思います。

POINT ❸

選んだことがないホールドを使ってみよう

長く自分の課題を作る習慣がある人は、作る課題に偏りが出てきます。そのパターンから抜け出す方法の1つとして、選んだことのないホールドを使ってみることをオススメします。また、友達と作りあってみると、いつもと違ったクライミングを体験できるでしょう。

リード上達のためのトレーニング法

コツ 25 PART3 リード上達のためのトレーニング法
落ち着き・冷静さを養う登り方

簡単な課題から難しい課題を登り自分の精神状態の変化を知ろう

CHECK POINT

❶ 落ち着き、冷静さを養う課題

自分を見失っていることに気づき、"深く"呼吸し、足を感じる

　落ち着き、冷静さというのは、いかなる状況でも人間の中にある感覚です。落ち着きを失っているときは、その感覚から離れてしまっています。ルートの中で何が何だかわからなくなってしまう人というのは、その状況の中で恐怖や身体的負荷に飲み込まれて自分を見失ってしまっている状態にあります。そんなときに最も有効なのは自分が自分を見失っていることに気づき、"深く"呼吸し、足を感じることです。

MENU❶

落ち着き、冷静さを養う課題

①リードでのウォーミングアップ（数本）	簡単な課題や傾斜の緩い課題で、自分の落ち着きや冷静さを見守り続ける。深い呼吸を継続する。足も力強く繊細に感じる。クライミングの中でリラックスし、気持ちよく登る。緊張したり恐怖を感じても、それに気づき、そして呼吸に戻る。

②限界トライ（2本）	とにかく全力で行きつつも、呼吸を忘れずに登る。激しい動きの中では普通、人間の頭の中はパニック状態に陥る。しかしうまくいくと深い呼吸が自動で入り、落ち着きも激しい動きの中で継続する。冷静さを欠いてしまっても、それに気づきながらあまり気にしないこと。(世界最難課題であるアダム・オンドラ初登のサイレンスの名前の由来は、このテーマで触れている要素の根源である、内側の静けさから来ていると思われる)

③限界よりも少し易しめの課題（2本）	限界よりも少し易しい分、より落ち着きを深めやすくなる。しかし非常に負荷の高い状況に変わりない。呼吸に意識を向け、さらにはカラダにも意識を向けて欲しい。苦しい状況でも落ち着いてクリップしたり、繊細な足使いを試したり、時には落ちることも恐れずとことんリラックスしてみるのもいい。

④クールダウン	その日の終わりに向かう感覚で、高ぶっていた色々な感覚を沈めていく。しっかりと足を感じ、深い呼吸を感じながら気持ちよくリラックスしていく。

■POINT

最適な練習法は課題(簡単なものから難しいものまで)を登りながら自分の精神状態の変化に気づき、"深く"呼吸し、足を感じて落ち着きと冷静さを深めていくこと。ゆっくりと育つ感覚で、その深まりは終わりがない。

リード上達のためのトレーニング法

コツ 26 リードの持久力トレーニング

PART 3 リード上達のためのトレーニング法

週に1度でも持久力トレーニングでパフォーマンスを維持しよう

CHECK POINT

1. 持久力トレーニングの課題1　低負荷
2. 持久力トレーニングの課題2　中負荷

週2日はリードの練習を組み込もう

クライミング自体が週に1度の人はコツ19で上げた基本的なトレーニングをしっかりとやることをオススメしますが、週に1度だと根本的な持久力を上げていくのはなかなか難しいです。しかし1日の中でしっかりと限界グレードに触れ、その少し下のグレードもやることで、ハイパフォーマンスは維持できます。週に何度も練習に行く方は、週に2日ほどリードトレーニングを組み込むと良いでしょう。

MENU 1

持久力トレーニングの課題1 低負荷

2本登る
↓
パートナーが登っている間にレスト（10分ほど）
⋮
10セットくり返す

■目安・回数
3時間で2本×10セット(計20本)
ほぼ同じグレードを登り続ける。20本中15本は少なくとも完登したい。パートナーも同じメニューでやると良い。

■POINT
低負荷の持久力、集中力、滑らかなクライミング、落ち着きや冷静さの深まり、体幹、ゾーン体験など。マルチピッチやロングルート、高負荷トレーニングの基礎づくりに最適。

MENU 2

持久力トレーニングの課題2 中負荷

2本登る
↓
パートナーが登っている間にレスト（15分ほど）
⋮
4セットくり返す

■目安・回数
2時間で2本×4セット(計8本)
ほぼ同じグレードを2本連続で登る。8本中6本は少なくとも完登したい。パートナーも同じメニューでやると良い。

■POINT
中負荷の持久力、集中力、中負荷での質の高いクライミング技術、落ち着きや冷静さの深まり、体幹、ゾーン体験など。マルチピッチやロングルート、高負荷トレーニングの基礎づくりに最適（コツ19の練習法は高負荷の持久力に向いている）。

リード上達のためのトレーニング法

コツ 27 PART3 リード上達のためのトレーニング法
恐怖心を克服するためのトレーニング

フォールやリスクある動きに慣れ 伸び伸びと登ろう

MENU ❶
わざとフォールする

■目安・回数
週1回、3~4回

■効果
フォールの恐怖心を克服する。

■POINT
簡単な課題を1度登り、終了点のクリップを外してフォールする。ビレーヤーには事前にこの練習をすることを伝えておこう。垂壁は壁にぶつかりやすいので、傾斜のある壁にすると、ぶつかるリスクが少ないので安全。怖い感覚に意識を送り込んで増大させず、あまり深く考えずにフォールしたり、落ち着いて楽しい気持ちの中に入ってから行おう。

| TRAINING MENU | ❶ わざとフォールする
❷ 緊張する動きを練習する |

安全性を確保した状態で行う

基本的に「落ちるのが怖い！」という人はまず安全な場所で落ちる練習をしましょう。重要なのは「怖い！」という気持ちに飲まれないこと。恐怖感と共にフォール体験を積み重ねると、フォールが怖いという気持ちが積み重なるだけです。あなた自身で、フォールの中に安心し、楽しみ、安全であるという確信を積み重ねていくこと。落ちる前に少し落ち着いて、自分の中から好奇心や楽しい気持ちを見つけましょう。

MENU ❷

緊張する動きを練習する

■目安・回数
ウォーミングアップやクールダウンのときの様々な場面で行おう。

■効果
リスクある動きの中での躍動感や落ち着きを養う。

■POINT
リード中に恐怖心が強く緊張する人は、簡単な課題で自分が少し怖いと思って縮こまりそうなリスクのある動きを積極的に入れてみましょう。ウォーミングアップとクールダウンの中の4本ほど。落ちても構わないのでチャレンジし、なおかつリラックスして滑らかな動きを目指そう。

リード上達のためのトレーニング法

コツ 28 PART 3 リード上達のためのトレーニング法
よりリラックスして登るための練習

簡単な課題を登り、完登数を増やそう

MENU ①
完投数を上げる

■目安・回数
1日の中の90%は完登する（10本登ったら9本は完登）。

■効果
完登を受け入れ、容易く起こることだと理解するのを助ける。

■POINT
1日の中の90%は完登するほか、厳しいルートを長期的にチャレンジしている人は「15手目からスタートして完登」「10手目からスタートして完登」といったように、途中からスタートし完登する体験を積み重ねるといつも成功を感じながらすばやく完登に向かうことができる。

| TRAINING MENU | ❶ 完登数を上げる
❷ 簡単な課題を登る |

力が入りすぎてカラダが硬い人は注意

終了点が近くなってくると緊張感が高まるものです。1日のトライ数も限られるので、強い完登への意識は逆にカラダを強張らせます。長くトライし続けている課題を完登するとき、それを受け入れることが怖いときもあります。そんなときに有効な練習法は完登数を上げること。完登は喜びです。たくさん経験することが大事です。また、リラックスして気持ちよく登る意識を持ったクライミングを経験することも大切です。

MENU❷
簡単な課題を登る

■目安・回数
ウォーミングアップ、クールダウンで1日に5～6本が目安。ストレッチするように、伸びをするように気持ちよく登る。呼吸も忘れずに行うこと。

■効果
リラックスして流れるように気持ちよく登る意識を経験する。

■POINT
難易度の高いルートばかりをトライしたり、1日の登るルートが少ないと、動きに硬さが出てくる。リラックスする意識を持つには簡単なルートを登ること。5.7や5.8といった初心者入門レベルのルートや、10代前半、傾斜の強い壁での10代後半や11aといったルートを登ってみよう。

リード上達のためのトレーニング法

コツ 29

PART 3 リード上達のためのトレーニング法

ケアの方法

自分のベストな状態を知りセルフケアでその状態に戻れるようになろう

MENU ①

ストレッチポール

■目安・回数
毎日行うこと。特にトレーニング前もしくはトレーニング後15分ほど。

■POINT
ストレッチポールは僕が学生の頃から使っているお気に入りのケアアイテム。全身の筋肉をほぐすこともできるが、体幹の深層部の感覚を育てるツールとして最適。

TRAINING MENU ❶ ストレッチポール

ストレッチなどのケアをトレーニング前後に行う

　疲労や筋肉の張り、カラダの痛みなどは、トレーニングとは逆のアプローチで自分のカラダを知る機会です。全身の筋肉は連動していて、捻れや偏り、癖があると必ずどこかに影響が出てきます。ここで大切なのは、自分自身で良い状態を理解し、戻すことができることです。良い状態がわかると、違和感や痛みがあっても治すことができるし、継続することで良い状態をさらによくできるようにもなります。

ヨガ

ヨガは僕にとってクライミングと共に自分を探求する重要なツールとなっています。ヨガはただカラダを柔らかくし、鍛錬するだけにとどまらず、浄化、呼吸の深まりやエネルギーの感覚、今にいる感覚、気づいている感覚、グラウンディング、上方向の意識など、様々な領域の拡大をもたらします。クライミングよりもずっと長い歴史を持つヨガの叡智から多くのことを学んでいます。それらをクライミングの中にも見ることができるところが、非常に興味深いです。ヨガから学んだことを少しずつクライミングと繋いでいけたらと思っています。

リード上達のためのトレーニング法

column
04

心技体、そんなシンプルな 構造ではない

　本書ではフィジカル、テクニック、メンタル、戦略といった表現でわかりやすく様々な要素を分類しましたが、読み進めると分かる通り、それぞれの要素は複雑に絡み合っています。ある要素はあるポイントまで大切ですが、そこから先はその要素が邪魔になったりします。きっと僕と同じようにリードをとことんやってきたクライマーが同じ本を監修したら書かれることは全く別の内容になるでしょう。

　僕がやってきて大切だと感じることをここには記していますが、もう僕にとっては全く関心のないこともたくさんあります。それは読んでくれている方にとっても同じことが起きるでしょう。時には「間違っている！」と感じることもあるかもしれません。このクライミングという壮大な行為を完全に紐解くのは、不可能に近いです。それをこれからも追求したいと思う一方で、「そんなことはどうでも良いから岩登りに行こう！」そんな一面も自分の中にはあります。

　本当に色々な人がクライミングを通してたくさんのことを学び、考え、感じ、体験し、体現しています。きっとそのあり方は十人十色です。あるところまでは法則性はあるものの、そこから先にそれぞれの道はあっても一般化できる正解は無いのかもしれません。捉えきれないクライミングについて語ることは、正直恐れ多いです。何も言わない方が安全ですから。

　でもこうして自分が大切にしていることを文章にさせてもらえる機会をいただけたことにとても感謝しています。僕の色として、おおらかに受け取ってくれたら嬉しいです。

PART 4
上達につながる メンタル調整法

コツ30 PART 4 上達につながるメンタル調整法
恐怖心は自然な感覚だととらえる

今の自分の状態を理解することで恐怖を乗り越える

CHECK POINT

1. 知識の無さで生まれる恐怖
2. 実際に危険な状況のときに感じる恐怖
3. パニック状態の恐怖を超えるとより上達する可能性がある

恐怖は3種類あり、特徴を知ることで対処しやすくなる

高い壁をロープと自分のカラダを頼りに登るリードは、恐怖との戦いです。しかし、恐怖心をなくそうとしてもなくなるものではなりません。

僕は恐怖には大きく分けて3種類あると考えています。それぞれの恐怖の特徴を知ることで、より対処しやすくなります。そして徐々に安心で安全なクライミングの領域が広がります。

POINT 1

知識の無さで生まれる恐怖

初級者に多いのが安全に対する恐怖です。ロープが切れないか、足から着地してケガをしないか、ビレイヤーが信頼できるかなど、これらの恐怖は実際に道具を使用してみるなど、それらが安全であると経験と共に理解することで克服できます。

POINT 2

実際に危険な状況のときに感じる恐怖

実際に危険な状況にあるときに恐怖を感じることは自然なことで、感じない方が危険です。クライミングをしていれば、このような状況は珍しくありません。恐怖を感じていることを知りながら、落ち着いて安心して切り抜けたり、安全を確保することが大切です。

POINT 3

パニック状態の恐怖を超えるとより上達する可能性がある

限界に達しているとき、それは今まで自分が体験したことのない状態なので恐怖を感じます。これも自然な反応です。しかし、そこでしっかりと呼吸し、安心すると「この領域にいても大丈夫だ」と感じられるようになります。ときには声を出したりもしながら、今新しく広がっている自分の限界値を味わいましょう。できることは呼吸や声を出すことぐらいかもしれませんが、それを超えたとき、たとえ落ちてしまっても、とても気持ちのいい感覚を得られることが多いです。また、限界に触れているとき、力を出す一方で力を抜くことも大切です。

上達につながるメンタル調整法

コツ 31 PART 4 上達につながるメンタル調整法
緊張感を受け入れよう

緊張を受け入れ、伸び伸びと自由に登ろう

CHECK POINT

1. 緊張を受け入れて ゆっくりと落ち着こう
2. いつどんなときも 自分の家だと思って 伸び伸びとしよう
3. 緊張は何かを超える チャンスでもある

リードは1回の 緊張度が高い

　リードは、ボルダリングと比べると1回のトライの緊張度が高いです。大会ではボルダリングは失敗しても再びチャレンジできますが、リードは1回失敗したら終了になります。また、自然の岩場も季節や天気でコンディションがすぐに変わります。その高い緊張感の中でいかに自分のクライミングをするかが大切です。「失敗してもいい」と、緊張感を受け入れて登りましょう。

POINT 1

緊張を受け入れて ゆっくりと落ち着こう

緊張はとてもよくある感覚です。何よりも緊張を受け入れることが大切です。緊張している自分を暖かく見守ること。呼吸して、カラダの中で強ばっている部分があれば、そこを緩めて行きましょう。ゆっくりと落ち着きが戻ってきます。

POINT 2

いつどんなときも自分の家だと 思って伸び伸びとしよう

有名な選手がいたり、苦手な課題があったりと、様々なシーンで人は緊張します。それが人間の一般的な反応ですが、全くもって緊張する必要はありません。いつどんなときでも、今いる場所が自分の家だと思って、堂々と寛ぎ、伸び伸びとしていましょう。

POINT 3

緊張は何かを超える チャンスでもある

岩場などでシーズンを迎え、素晴らしいコンディションが来ると、本気トライのときにやけに緊張したりします。コンペでまさに優勝できるかもしれないときも、緊張してしまいます。まさにずっと超えられなかった何かが超えられそうなときも、緊張するものです。でも、それはなかなか来ないチャンスのときです。ポイント1、2をしっかりと感じながら、そのチャンスをものにしましょう。緊張を受け入れて、落ち着いて、堂々と、伸び伸びとそのクライミングに臨みましょう。思ったようにならなくても、そこに向かうこと自体に意味があります。そしてそんな状況を思い切り楽しみましょう。

上達につながるメンタル調整法

コツ 32 PART 4 上達につながるメンタル調整法
失敗の許可

「失敗してもいい」と自分を許すことが
最高のパフォーマンスに繋がる

CHECK POINT

❶ 失敗はチャレンジの証 恐れる必要はない
❷ 失敗を許すことで パフォーマンスが良くなる
❸ 失敗に対する恐れの 裏側も感じよう

その日のクライミングを楽しむことが一番大事

失敗することを恐れてしまう人がいます。しかし、失敗はクライミングをする上で、チャレンジをしていれば、誰でも経験するものです。そんなときに「絶対に落ちてはいけない」と思うのではなく、「失敗してもいい」「落ちてもいいよ」と自分に失敗することに許可を出してあげることで、気持ちを楽にすることができます。パフォーマンスも良くなり、クライミングを楽しむことができるでしょう。

POINT ❶

失敗はチャレンジの証 恐れる必要はない

失敗を経験しない方法はただ1つ、チャレンジしないこと。でも、クライミングは毎回未知との遭遇ですし、チャレンジの連続です。そしてそれが楽しいからみんなクライミングが好きなのだと思います。失敗はチャレンジの証なので恐れる必要はありません。

POINT ❷

失敗を許すことでパフォーマンスが良くなる

「失敗してもいい」。この言葉に僕はいつも救われます。どんなに重要なシーンで、失敗が許されない瞬間でも「失敗してもいい」と自分に許しを与えたとき、パフォーマンスは良くなります。本当に大切なトライは、失敗してもいいのでチャレンジしましょう！

POINT ❸

失敗に対する恐れの裏側も感じよう

自分を観察していると、落ちるのが怖いのだと気づくことがたくさんあります。でも、その裏側にはいつも欲求があることにも気づきます。「このチャンスを逃したくない」「成功したい」「良いところを見せたい」など。その欲求自体は存在しているものなので、受け入れて行くことが大切です。でも、最も重要なことは、今日のそのクライミングを最高に楽しむことです。そのことが、欲求を満たすこと以上の深い喜びや体験をもたらす可能性があります。失敗への恐れや、その裏側の欲求も感じながら、今日のクライミングを楽しみましょう。

上達につながるメンタル調整法

コツ 33

PART 4 上達につながるメンタル調整法

コントロールを手放す

事前に考えていたことから頭を開放して登ってみる

CHECK POINT

1. コントロールとは動きを頭で考えること
2. クライミングの最中は思考から離れよう
3. 動きの中に意識が入ることで力を発揮する

コントロールを手放すことで新しい発想が生まれる

　登る前にオブザベーションをしたり、ルートの構成要素を見抜いたりして、様々なことを考えてから登ると思います。しかし、考え通りにことを進めようとしても現実とズレがあることがほとんどです。それまで考えていたことは気にせずに、心とカラダに任せて登ってみましょう。コントロールを手放していても、事前に考えていたことと、その場で生まれる新しい発想が結びつき、それ以上のパフォーマンスを生みます。

POINT 1

コントロールとは動きを頭で考えること

コントロールとは思考的に考え、自分のカラダを考えたように操ろうとすることです。大半の人が動きを頭で考え、動かそうとします。おそらくワールドクラスの人でもそうです。またレベルに関係なくコントロールせず伸び伸びと気持ちよく登っている人もいます。

POINT 2

クライミングの最中は思考から離れよう

クライミングを長く続けた人は、登る前に数々の経験から予測したり、思考したりすると思います。思考は大切な能力の1つです。しかしクライミングの最中に思考状態にいると、カラダはうまく動けません。思考を利用しながらも、そこから離れることが重要です。

POINT 3

動きの中に意識が入ることで力を発揮する

コントロールを手放して、その瞬間、瞬間を感じ、自由に伸び伸びと、ときには爆発的な力を出しながら登る。そんなクライミングができたときは、もちろん素晴らしいパフォーマンスがついてきます。そして何よりも幸せな気持ちになります。数々のクライミングをしてきて、もはや登ること以上に、クライミングの中に入り込んで行くことの方が大切なのではないかと感じています。完登への意識があると、どこかで緊張を生みますし、それはコントロールに繋がっていきます。逆説的ですが、それをやめたとき、一番完登に近づくように思います。

上達につながるメンタル調整法

コツ34 PART 4 上達につながるメンタル調整法
モチベーションをコントロールしない

無理に上げようとせずに
自分を客観的に受け止める

CHECK POINT

1. モチベーションが落ちている時期も重要
2. いつも1人で登る人はたまには友達と登ってみる
3. いつものパフォーマンスを出すためのルーティン

モチベーションには波がある

壁を登ろうと思っても、その日の調子によってモチベーションが上がらないときもあります。モチベーションには波があって、ときには、数年単位で落ちたままになることもあります。モチベーションは無理に上げようとするのではなく、落ちているなら、素直にその自分の反応を受け止めましょう。「沈んでいるな」と客観的に受け止めて、その中で登ったときに、ふと急にやる気が出てくることがあります。

POINT ❶
モチベーションが落ちている時期も重要

「モチベーションが落ちているのも悪くないな」と思った瞬間に、急にやる気が出てくることもあります。落ちている時期も重要だと考え、ネガティブな状況に素直に適応することが大切です。しかし、ネガティブな気持ちに浸ると、落ち込み時期の通過が遅くなります。

人のやる気は上下しながらも前進していく（上図）。しかし、問題から逃げて無理にやる気を上げようとコントロールすると一時的にモチベーションは上がるが、そこで停滞する（左図）。

POINT ❷
いつも1人で登る人はたまには友達と登ってみる

しばらくモチベーションが落ち込んだ状態の人は、いつも1人で練習しているなら、友達やチームの仲間と一緒に登ってみることもオススメです。ファン的なクライミングになりますが、違う楽しみ方ができます。

POINT ❸
いつものパフォーマンスを出すためのルーティン

人間が持っているテーマというのは、僕たちの理解を超えた次元で存在し、モチベーションというのはそう言ったものに繋がっているように感じます。目の前の出来事にモチベーションが湧かないのに、無理に気持ちを高ぶらせると、本当の自分の感覚を無視することになりかねません。ときには大舞台であっても、モチベーションが湧かないこともあるでしょう。しかし、なぜ自分はモチベーションが下がっているんだろう？ とその理由を深く考え込む必要もなく、ただその状態をリラックスして見守りましょう。次の瞬間には新しい気づきとモチベーションが湧いてくるかもしれません。

上達につながるメンタル調整法

コツ 35 PART 4 上達につながるメンタル調整法
なぜ同じルートや目標に行くか確認する

ルートやコンペで登る理由を明確にしよう

CHECK POINT

① なぜその目標を目指すのか自分に訊ねよう
② 目標の裏に隠れた欲望も知っておく
③ 1つの目標に固執し過ぎないように注意

目標の裏側の自分が求めるものを感じてみよう

目標を持つことはとても大切なことです。しかし、目標を達成したときに、想像とは違った結果や出来事が起こることもあり得ます。その目標は自分にとってどんな意味があるのか、なぜその目標が大事なのか、またその裏側にある自分が本当に欲していることは何なのか。そこまで深く感じていくことはとても大切です。目標を達成しなくても、欲しているものがもう自分の中にあったことに気づくこともあります。

POINT ①

なぜその目標を目指すのか自分に訊ねよう

難しいルートや、大きな大会で結果を残すには、かなりの時間と労力を費やさなければいけません。ところが、実際にそれを成し遂げたときに、それに見合った対価を得られるとも限りません。僕にとってそれはワールドカップ総合優勝でした。長年求め続けた大きな目標でしたが、実際に達成して、得たものは自分が想像していたものとは、少し違いました。がっかりしたこともあれば、予期せぬギフトもありました。数多くの成功をしていくことは非常に大切だと思います。その中で、実はその一瞬一瞬のプロセスが大切であることや、深いところで求めていること、向かいたい方向に気づいていきます。

POINT ②

目標の裏に隠れた欲望も知っておく

「結果を出したい」「憧れのクライマーのようになりたい」など、目標の裏に隠れた欲望は誰でも持っているものです。そういった欲望は自分の中にある、ということを知っていることも重要です。コンペに出たい、勝ちたい、そんな気持ちを持っている人は少なくありません。でも、深いところで何を求めているかを知っている人は非常に少ないと思います。何かをしたいと思っているのに、何をそこから得ようとしているのかが分からないというのはおかしな話です。このテーマは深く考え込むというより、自分に尋ね、感じながら生きていることで自然と気づいていくものです。

POINT ③

1つの目標に固執し過ぎないように注意

あるルートに固執して、人によっては2年も3年も1つのルートにチャレンジし続けている人がいます。クライミングの楽しみ方は人それぞれなので、同じルートにチャレンジすることは決して悪いことではありません。しかし、本来の目的から逸れている人も少なくないです。「目標に向かって努力している自分」に誇りを持ち、はまってしまう人がいます。目標を乗り越えようとしているようで、実際はその状態に満足しているようなら、そうしている間にも刻々と大切な時間は過ぎていってしまいます。1つの目標に固執し過ぎないように、切り替えて次に進みましょう！

上達につながるメンタル調整法

コツ **36** PART **4** 上達につながるメンタル調整法

コンペ・大会に参加する際の注意事項

リラックスした気持ちで臨むことで ベストパフォーマンスを発揮できる

コンペ1週間前〜前日の過ごし方

コンペ7日前	**練習内容**：翌日からクライミングに集中するため練習は休む。仕事や用事などコンペまでにやらなければいけないことを済ませておく。 **ストレッチ**：カラダの調子を整えるストレッチを行う。 **メンタル**：コンペの目標を明確にしそれを「達成する」と決意する。
コンペ6日前	**練習内容**：コンペを意識した実戦練習。強度を高く、本数は少なめにして追い込まない。 **食事**：しっかりと取るように。 **ストレッチ**：練習前後に必ず行う。
コンペ5日前	**練習内容**：前日の疲れを流すように、強度の低い練習を行う。 **食事**：軽めにする（前日の疲れがある人はしっかりと食べてもよい）。 **ストレッチ**：練習前後に必ず行う。
コンペ3日前	**練習内容**：コンペ前の最後の練習。強度を高くして、本数は少なめで追い込まないようにする。 **ストレッチ**：カラダのケアなどをしっかりと行う。 **食事**：しっかりと取ること。
コンペ前日	**練習内容**：カラダの調子を整える調整日。登る場合は短時間で軽めに。 **食事**：軽めにする（食べたいものがあればそれを中心に）。 **メンタル**：あまりシリアスになりすぎないこと。

CHECK POINT

❶ コンペの前日は移動や
　受付などを済ます
❷ 会場を自分のフィールド
　だと感じよう
❸ 若い選手には大人が
　繊細に寄り添うこと

トレーニング、精神面など
1週間前から準備しよう

　コンペに参加することが決まったら、1週間前からコンペに向けて気持ちを切り替えて準備が必要です。トレーニング内容や精神面の過ごし方など左ページの表を一例に自分のリズムが作れるように考えてみましょう。

　コンペ前日は移動や受付など忙しいので慌てないようにしましょう。当日も、会場に慣れて自分の家だと思うくらいにリラックスしましょう。

POINT ❶

コンペの前日は移動や
受付などを済ます

コンペの前日は意外とやることが多いです。会場まで移動したり、受付を済ませたり……。そのため、ゆったりと過ごせないこともあります。なるべく、ゆったりとする時間を確保し、睡眠不足には気をつけましょう。また、食事は強い欲求がなければ、油が少なく、高エネルギー、

高タンパクで、質量の少ないもの（バナナ、おにぎり、果物、野菜、魚など）を中心に取りましょう。必要性を感じる人はお肉を食べてもよいでしょう。練習をするのではなくカラダの調子を整える調整日にし、もし登る場合は短時間で軽めにしておきましょう。

POINT ❷

会場を自分のフィールド
だと感じよう

コンペは普段登らない不慣れな環境で行われることがほとんどです。そこでベストなパフォーマンスを引き出すのは容易ではありません。ここで大切になってくるのが、いかなる場所でもリラックスして我が家のように寛ぐことです。ときには世界的に有名なクライマーがすぐ近くにいるかもしれません。でも、そんなことを気にする必

要は一切ありません。我が家のようにリラックスするための手軽な方法は、何か自宅にあるアイテムを一緒に持って行くことです。それだけで落ち着くものです。ぬいぐるみや、好きな本など、なんでも良いです。そのフィールドを、自分のものにしましょう。

POINT ❸

若い選手には大人が
繊細に寄り添うこと

自分のレベルに合った大会に出ているかどうか、何のために参加するのか目的を決めてから臨みましょう。特に10代の子は、まだ自分ではどの大会に出ればいいかわからないものです。そのとき、まわりの大人や親がどういう結果を求めてその大会に出るかを一緒に考えてあげなければいけません。入賞しなくても経験のために出るの

か、優勝を目指すのか。本人に繊細に寄り添って考えてあげてください。また結果に対する子どもへの声掛けですが、親が大会のレベルや、子どもの実力をよく理解していない場合は、慎重に行いましょう。どんな結果であっても、終わったあとは、大変な1日を乗り越えたことを褒めてあげてください。

上達につながるメンタル調整法

コツ 37 PART 4 上達につながるメンタル調整法
自然の壁に取り組む際の注意事項

マナーやルールを守り助け合いの心で気持ちよく登ろう

CHECK POINT

1. 簡単な課題を
たくさん楽しむこと
2. ローカルルールや
マナーを確認しよう
3. 助け合いの気持ちを
持って登ろう

みんなで協力して
クライミングを楽しもう

　当たり前のことですが、クライミングは1人ではできません。そして、ジムの人工壁とは違い、そこに住む人がいて、自然の中にある壁を登るので、ゴミを持ち帰る、自然を汚さないといったマナーやルールを守ることが大事です。エリアによってローカルルールが違うので確認しましょう。また、自分が登ることだけでなく、他の人が登ることを考えて、助け合いの精神を持つことも大切です。

POINT 1

簡単な課題を
たくさん楽しむこと

岩場にはたくさんの危険が隠れています。例えば突然落石が起きることや、落ちてしまうと間違いなく地面にぶつかってしまう危険な場所で登るなど。無知のまま勢いで危険な場所に入ると、大きな事故につながってしまうこともあります。その環境で安全に、気持ちよく過ごすには、経験が大切です。大半の人は週に1日か2日岩場に行くと思うので、単純に考えて、経験を積むのには数年かかります。それらを楽しみながら経験を積むには、まずは簡単な課題をたくさん登ってみるといいでしょう。経験値を増やして、様々なことを学んでいきましょう。

POINT 2

ローカルルールや
マナーを確認しよう

クライマー人口が増えた今、岩場での駐車場問題等のトラブルが絶えません。岩場の管理の仕方やルール、マナーなどは統一されておらず、その場所ごとに違います。ここで大切なのはローカルの方とのコミュニケーションです。その岩場をよく知る人と出会ったら必ずルールやマナーを確認しましょう。例えば、地元の方の車の通り道など駐車場ではないところに車を止めない。トイレはどこか確認する（設置されていない場合、持ち帰るなど場所によって違うので確認する）。ゴミを捨てないなど、最低限のマナーです。また、他のクライマーとの接し方にも気をつけて、楽しくクライミングをしましょう。

POINT 3

助け合いの気持ちを
持って登ろう

自然の壁を登りたいと思ったとき、1人ではなかなかクライミングをする環境を整えることはできません。ボルダリングであっても、1人で運べるマットは限られます。誰かが登りたいとき、それをサポートしてあげる大らかさを持ち、助け合いましょう。

上達につながるメンタル調整法

column
05

人生の中に脱力し、
恐怖や緊張を受け入れる

　僕はワールドカップの参戦を控えるようになった2015年から本格的に自然の岩にシフトしていきました。初めは高難度のスポートルートのリピートに主軸を置いていましたが、次第にルート開拓に興味を持ちはじめました。「自分でルートを見つけ、登るというのはどういう感覚だろう?」と思ったからです。それから数年間、行く岩場で開拓できるルートを探し続けるも、なかなかその機会は訪れませんでした。一方でリピートクライミングにも随分満足して、何かモヤモヤする日々が続いていました。

　2017年ついに僕はMaturityというルートを東京の御前岩で開拓しました。それは世界クラスの美しさを持つようなルートではなかったけど、僕にとってはとても特別でしたし、何よりそのときの自分にぴったりのルートであったと思います。そしてその数ヶ月後、また Soul Mateというルートを開拓しました。これまた素晴らしいルートでした。何か開拓の扉が開いたのか、夏に訪れた各地の岩場で数多くの魅力的なラインに出会いました。　何かに誘われるように、引き込まれていく自分がいます。

　そもそも、「自分の方向性や目標をしっかりと持つことは必要なのだろうか?」と思うときがあります。もちろんある時期は必要でしょう。でも今の僕にとってはそこをコントロールする必要はないのかもしれないと感じています。引き寄せられるもの、　流れのようなものに素直に従い、時にモヤモヤしたり、苦しい時期も通過しながら身を委ねていったとき、自ずと自分にぴったりのルートが現れてくるように思います。クライミングにおいて、脱力、恐怖と緊張を受け入れることは永遠のテーマであると感じていますが、人生の道にも同じことが言えるのかもしれません。自分の人生をコントロールせず、落ち着き、リラックスして委ねていったとき、完登をも超える素晴らしい未知なるものと出会うのかもしれません。

PART 5
上達のために今一度見直しておくべきこと

コツ 38 PART 5 上達のために今一度見直しておくべきこと
リードに適したウェアは？

ウェアはデザイン性よりも機能性を重視しよう

クライミング用パンツ

クライミングに使用するパンツは、ある程度ストレッチ性のあるもので、軽くて動きやすいもの。デザイン性より機能性が揃っているかどうかが大切です。それにプラスして足首のところに、絞るヒモがあること。ヒモがあると、ヒールフックをするときにズボンがカカトにかからなくなります。機能性が良いものの中からその日の気分に合わせたウエアを選びます。

CF9862
ROCK FRIEND PANTS
(adidas)

試着して服の機能性など確認しておこう

リードやボルダリングのウェアは快適で動きやすいなどの機能性と、オシャレとして楽しむデザイン性が高いものがたくさん発売されています。この機能性とデザイン性のどちらを重視するかは人によります。デザインや素材にこだわるのももちろん良いことです。

その日の気分で色などチョイスするといいでしょう。僕の場合はリードを上達していく上で、機能性を重視しています。微妙な重さや動きやすさの違いが登りに影響することがあるので、その服を着ると自分はどう感じるかを試着して知っておくといいでしょう。

クライミング用Tシャツ
クライミング用のウェアは何を着なければいけない、という決まりはありませんが、僕の場合は生地が薄くて、速乾性があって、伸びる素材のものを使用しています。また、デザイン性とカラーバリエーションをたくさん持って、その日の気分で色を選びます。

CCY1795
TERREX LOGO BAR TEE
(adidas)

長袖の上着
自然の外岩では長袖のフリースなどの上着も持っていきます。上着は、気温に合わせて脱いだり着たりして調整できるように、薄手のものを重ね着することが多いです。風が強いときや、雨が降ったときのためにゴアテックスの撥水性のあるジャケットも持っていきます。

Y2123
STOCKHORN FLEECE
(adidas)

上達のために今一度見直しておくべきこと

コツ 39 PART5 上達のために今一度見直しておくべきこと
自分に合ったシューズの選び方は？

ダウントゥとフラットトゥで重心の位置や感覚が異なる

クライミングシューズ
クライミング専用のシューズは、形やサイズで感覚が変わるので、できる限り試し履きして自分に合う1足を探してみましょう。

アプローチシューズ
足入れがよくて、軽く、滑りにくい剛性のラバーが貼ってあるものが好みです。岩場は、靴の性能でアプローチの安心感は変わるので重要です。また、防水性の機能が付いているものは必ず持って、雨が振りそうなときはそれを持っていきます。カラーは上着と合わせるのが好きです。

ジャストサイズより
前後のサイズも試してみよう

　つま先の形によって大きくダウントゥとフラットトゥに分かれますが、シューズの形で重心の位置が変わります。その人のクライミングを作る大事な要素で、重心が高い位置になるのがよければダウントゥ。そうでなければフラットトゥがオススメです。僕は両方使っています。シューズを選ぶ際は、ジャストサイズより前後のサイズを試してみるのもオススメです。ジャストサイズよりタイトならポイントが狭まり要素が強調されます。ゆるいサイズにすると、ポイントが広くなり緩まります。

シューズを変えることでスタイルが変わることもある

サイズによって感覚が変わるので、前後のサイズも試してみてください。ほとんどの人はジャストサイズをずっと履き続けていますが、それに当てはめてしまうのではなく、好みからはなれたサイズにもチャレンジしてみましょう。ダウントゥが好きな人は、フラットトゥを試すといいでしょう。ガラリとスタイルが変わる可能性もあります。

上達のために今一度見直しておくべきこと

コツ

40

PART 5　上達のために今一度見直しておくべきこと

オススメのリードの道具は？

軽さ、撥水性など自然の外岩で必要な機能性で選ぶ

ビレイデバイス

ペツルのグリグリ＋とルベルソ4を使用しています。基本的にはグリグリ＋を使い、懸垂下降とマルチピッチの際はルベルソ4を主に使用します。ビレイデバイスは使いやすいものをチョイスしながらも、ある特定のものを継続に使うことで、その使い方をマスターすることが大切です。

クイックドロー

ペツルのスピリットもしくはアンジュを使用しています。スピリットはクリップのしやすさと、スリング部分を持ったときに手に負担が掛からないのでレッドポイント用のルートによく使います。アンジュは軽いのでオンサイト用に使います。特にマスターのスタイルのときには10〜15本持っていかないといけないので、できるだけ軽いものにしています。

ロープ

ある程度の柔らかさがあって、滑りがいいものが好みです。太さは、比較的細いものが好きで、アリアル9.5mm、またはボルタ9.2mm（※日本では未発売）を使用しています。

同じものを長く使い、その道具をマスターする

今やクライミングギアメーカーは多数あり、自由に好きなものを選べる時代になりました。しかし僕にとって大切なのは一番良いものを選ぶことはもちろんですが、同じ道具を長く使い続け、マスターしていくことです。基本的に複数のものを使い分けるのが苦手な性格もありますが、道具を信頼し、使いこなすのには時間がかかると感じています。好きなものをとことん使い込んでいくことをオススメします。

ハーネス
ペツルのシッタを使用。軽くて動きやすい、汗をかいても発散されていくところが魅力的です。ギアラックもたくさんあるのが良いです。開拓にも使います。

バック
たくさん物が入ることも大切ですが、過酷なアプローチの際に、カラダにフィットするような、しっかりとしたバックルがあるものを主に使います。外で雨が降ることもあるので、撥水性があるのも大切なポイントです。

チョークバック
ペツルのサカを使用。入り口が広く、中はさらに広くなっていて、余計なものが一切付いていない軽量のチョークバックなので、長年使い続けているクライミングパートナーとして重宝しています。

その他に用意するもの
カラビナ
ビレイグローブ
ヘッドランプ
スパナ
液体チョーク
セラバンド
雨具
指皮再生クリーム

上達のために今一度見直しておくべきこと

コツ
41

PART 5 上達のために今一度見直しておくべきこと

日本・海外のオススメのエリアは？

リードを楽しめる スポートルートを紹介

安間佐千が現在開拓中の二子山を含む日本の有名エリアと、海外のオススメエリアを紹介する。

〈海外の有名なエリア〉

ノルウェー フラットアンガー	アダム・オンドラが開拓した世界最難ルートといわれるSilence(5.15d)がある岩場です。超巨大なケイブがあり、ハードルートの印象が強いですが、中級者向けのルートも非常に面白いです。クラック状だったり、フォンテンブローを思わせるスローパー状の岩など多彩な表情をしています。
スペイン シウラナ	バルセロナから3時間ほどのところにあるエリア。オレンジ色の岩の渓谷は明るくて、いるだけで明るくなるパワースポットのような場所です。「La Rambla5.15a」が有名です。山頂にあるキャンプ場で過ごす一時も素晴らしいです。
フランス セユース	横に延々と続く、巨大な石灰岩のエリア。世界初の5.15aであるRialisation、クリス・シャルマのルートもここにあります。アプローチは1時間と長いですが、岩場に着いたときのスケール感は度肝を抜かれます。
ギリシャ レオニディオ	アテネから車で4時間ほど走らせたところにある石灰岩の岩場。街全体がクライミングで街おこしをしていて、まさに"クライマーの街"です。エリアも多数あり、初級者から上級者まで楽しめます。

長野県・山梨県 瑞牆山・小川山エリア

クラック山ピッチが有名だが、ハードな花崗岩のスポートルートも多数ある有名なエリアです。「UFOキャッチャー5.13c」が有名で、すぐ近くにカサメリ沢という有名なルートがあります。

岡山県 備中エリア

中国地方では最も有名な石灰岩エリア。あちこちにエリアが点在しています。初級者から上級者まで楽しめるエリアです。「青龍門5.13c/d」が有名です。

北海道
赤岩青巌峡エリア

名前の通り、真っ赤な岩が特徴です。「天国列車5.12b」や、「ムーカム5.14c」といったルートが有名です。岩は小ぶりですが角ばった特徴的な岩が美しい岩場です。

栃木県
古賀志山エリア

僕の実家である宇都宮から一番近い岩場。初級・中級者向けのボルダリング向けのルートが主に多い。関東に住む初級者にはオススメのエリア。「カモシカハング5.11a」、「バナナフィッシュ5.11c」などは僕も学中生の頃に登っていたルートです。

埼玉県
二子山エリア

関東では最大級の石灰岩のエリア。中級～上級者向けで、「唐獅子牡丹5.13b」、「任侠道5.12d」などのルートが有名です。僕が今トライしているプロジェクトもここにあります。

東京都
御前岩エリア

30年前に駐車場問題でクローズになっていますが、2017年に再び公開されたエリアです。都内から車で2時間弱でアクセスできる上、高難度のルートが多数ある。僕が開拓した「soulmate5.15b」もここにあります。

静岡県
城ヶ崎エリア

伊東市の海岸に位置する美しい岩場です。中級～上級者向けのエリアで、クラックルートも多いですが、有名なスポートルートも多数あります。「サーカス5.12c」や「シンデレラボーイ13a/b」が有名です。

上達のために今一度見直しておくべきこと

PART 5 上達のために今一度見直しておくべきこと
コツ42 リードができる全国のクライミングジムは？

2018年11月現在の情報になります。

店舗名	住所	電話番号	営業時間・定休日
NAC札幌	北海道札幌市白石区東札幌3条1-1-1 ラソラ札幌Aタウン1F	011-812-7979	月～土10:00～22:00（最終受付20：00） 日10:00～20:00（最終受付19：00） ※定休日なし
スポーツクライミングジム レインボークリフ	北海道札幌市白石区東札幌2条2-3-26	011-817-5009	火～金14:00～22:00　土日祝13:00～21:00 月曜定休 ※月曜祝日の場合営業
ノースケイブジム	北海道札幌市東区北27条東20-3-27	090-2050-4385	平日17:00～23:00　土日祝随時～23:00 ※定休日なし
クライミングジム ノースロック	青森県三戸郡階上町蒼前東2-9-1851	0178-38-7205	平日13:00～23:00 土・日・祝日10：00～22:00　定休日・月曜日
クライミングスポット ワンムーブ	岩手県盛岡市上鹿妻田貝13	019-656-3110	火・金12:00～22:30　水・木15:00～22:30 土13:00～21:00　日・祝日10:00～18:00 定休日・毎週月曜日（月曜日が祝祭日の場合でもお休みです）、第二日曜日、第四日曜日
クライミングジム ピーナッツ仙台店	宮城県仙台市青葉区国分町3-3-5 リスズビル1F	022-216-1015	平日11:00～22:00、土曜日10:00～21:00、日曜祝日10:00～20:00 定休日：火曜日（祝日の場合は翌水曜日）
スカイピアあだたら アクティブパーク	福島県二本松市上葉木坂2-3	0243-24-5066	平日13:00～21:00　土・日祝日10:00～21:00 定休日・水曜日
クライミングパーク Drop-in	福島県いわき市常磐関船町宮下4-4	0246-51-5662	平日14:00～22:30 土・日・祝10:00～20:00　※定休日なし
フリークライミングジム ジャンダルム	福島県いわき市常磐西郷町落合292	0246-43-0101	平日12:00～22:00　土・日・祝日10:00～20:00 定休日・第1月曜日（祝日の場合は振り替え）
クライミングジム TRAILROCK	福島県郡山市富久山町福原字上台26-1	024-934-9710	平日13:00～22:00　土10:00～21:00 日祝10:00～19:00　　定休日・月曜日
スポーレクライミングジム	茨城県つくば市下原370-1	029-839-5151	月～金13:00～22:00　土曜日10:00～22:00 日曜日・祝日10:00～20:00 定休日：なし（臨時休業あり）
水戸シティロックジム アヴュー	茨城県水戸市住吉町63-2	029-291-8083	月～金13:00～23:00、土日祝10:00～21:00
クライミングジムZE-RO 宇都宮下栗店	栃木県宇都宮市下栗町753-1	028-688-8234	平日12:00～23:00　土・日・祭日10:00～21:00 ※無休（年末年始以外）臨時休業あり
ロッククラフト小山店	栃木県小山市粟宮1006-2	0285-41-1325	月～土13:00～22:00　日祝10:00～20:00
SUNCUL	栃木県宇都宮市今泉3-12-31	028-600-8266	月・水・木 15時～23時　金 15時～22時 土・日・祝日 10時～19時 定休日　火曜日※祭日の場合翌日に振替
クライミングジム・ウォールストリート	群馬県前橋市鳥羽町149-3	027-252-8863	平日14:00～23:00　土曜12:00～22:00 日祝10:00～20:00
GRAVITY RESEARCH OMIYA	埼玉県さいたま市大宮区宮町1-37	048-783-2760	月～金13:00～22:00　土日祝11:00～21:00
エナジークライミングジム春日部店	埼玉県春日部市栄町1-451	048-878-8510	月曜～金曜13:00～23:00 土曜・日曜・祝日10:00～21:00 定休日・第二月曜日　※月曜日が祝日の時は営業、翌火曜日を休業と致します。
クライミングジム&ショップ PUMP1 川口店	埼玉県川口市元郷2-3-12	048-225-2919	火・水・木・金12:00～23:00 土曜・祝祭日10:00～21:00 日曜9:00～20:00　定休日　月曜
エナジークライミングジム浦和店	埼玉県さいたま市南区鹿手袋3-25-8	048-838-1850	月曜13:00～21:00 火曜～金曜13:00～22:30 土曜11:00～21:00　日曜・祝日10:00～20:00 定休日　第一月曜日　月曜日が祝日の時は営業、翌火曜日を休業と致します。
ロッククラフト川越	埼玉県川越市脇田町32-2 三豊ゴム川越ビル1F	049-226-1426	平日13:00～22:30　土日祝日9:30～20:00 定休日　火曜日
深谷クライミングヴィレッジ	埼玉県深谷市上柴東3-13-16（深谷スポーツヴィレッジ内）	048-578-6625	月～金10:00～23:00 土・日9:00～23:00

店舗名	住所	電話番号	営業時間・定休日
GRAVITY RESEARCH TOKYO-BAY	千葉県船橋市浜町2-1-1 ららぽーとTOKYO-BAY 南館3F	047-404-8961	11:00～22:00
クライミングジム インフィニティ	千葉県鎌ヶ谷市西佐津間1-24-26	047-407-2268	月曜～木曜15:00～24:00 土曜・日曜・祭日12:00～22:00 定休日・金曜日
クライミングパーク グリーンアロー KAIHIN-MAKUHARI CLIMB-UP	千葉県千葉市美浜区ひび野2－4 プレナ幕張3F	043-306-9141	月～金10:00～22：30 土・日・祝10:00～21:00
ベータクライミングジム	東京都新宿区住吉町1-14	03-5341-4503	平日10:00～23:00 土・日・祝日8:00～23:00　※不定休
Climbing Gym ROCKLANDS	東京都江戸川区東葛西5-27-16	03-5659-0808	平日14：00～23：00 土・日・祝日10：00～21：00　月曜定休
T-WALL 江戸川橋店	東京都文京区水道2-5-23	03-5802-2273	平日14:00～23:00　土曜10:00～20:00 日祝10:00～20:00 定休日 毎月第一、第三月曜日
T-WALL 錦糸町店	東京都江東区毛利2-10-12	03-3634-0730	平日13:30～22:40　土曜10:00～20:00 日祝10:00～20:00　定休日・月曜日
クライミングジムNOSE 町田店	東京都町田市南つくし野3-1-3 CKすずかけ台1・2F	042-850-6474	月曜～金曜13:00～22:30 土曜・日曜、祝日10:00～21:00
ボルダリングジム壁家-KABEYA-	神奈川県川崎市川崎区 堀之内町9-8 B1F	044-233-9616	24時間（スタッフ滞在時間は 平日14時～23時、土日祝10時～23時）
クライミングスペースレッジ	神奈川県海老名市中野2-27-11	046-244-0048	平日（火曜日～金曜日）12:00 ～ 22:00 休日（土・日曜日／祝日）10:00 ～ 21:00 定休日・月曜日
クライミングジム ビッグロック日吉店	神奈川県横浜市港北区日吉7-18-21	045-620-7184	平日13:00～22:30　土日祝日10:00～20:00 定休日・金曜日・年末年始 （ルート変更作業の為の臨時休業あり） ※金曜日が祝日の場合は祝日営業します
クライミングジムNOSE 相模原店	神奈川県相模原市緑区川尻1521-1	042-782-1720	月～金 13:00～22:30 土曜・日曜・祝日 10:00～21:00
クライミングパーク ストーンマジック	神奈川県相模原市中央区共和 3-10-20	042-704-2340	月～金13:00～22:30　土10:00～21:00 日・祝10:00～20:00
クライミング・ボルダリングジム J-WALL	神奈川県藤沢市下土棚1708-1	0466-44-0777	平日（月～金）13：00～23：00 土曜10：00～22：00 日曜/祝日10：00～21：00 ※年末年始を除き年中無休
CLIMBING BUM横浜店 -Climbing&Bouldering center-	神奈川県横浜市都筑区中川中央 1-25-1　ノースポートモールB1F	045-532-3590	平日12:00 - 23:00　土日祝10:00 - 21:00
クライミング＆ボルダリングジム リトルフォレスト	新潟県五泉市寺沢3-5-37	0250-42-5876	平日14:00～22:00　土日祝10:00～18:00 定休日・火曜日、第三日曜日
クライミングジム＆ショップ CAMP4	新潟県新潟市東区松島1-4-32	025-270-8460	平日14:00～23:00　土日祝11:00～20:00 ※定休日なし
フリークライミングジム Gecko ゲッコー	富山県富山市野々上374-3	076-436-2933	火・木曜13:30～22:00、金・土曜13:30～ 20:00、日曜、祝日13:30～19:00 ※木曜はレディースデイ（中学生以上の女 性会員500円、非会員700円） 定休日　月曜・水曜
FCSウォール	富山県下新川郡入善町墓ノ木445	090-3760-1058	火～木曜日16:00～23:00 土・日曜日10:00～20:00 定休日　月曜・金曜日
金沢クライミングウォール	石川県金沢市芳斉1-6-5	076-231-5312	平日17:00～22:00　土日祝13:00～18:00 定休日　不定休
池田町立クライミングウォール	福井県今立郡池田町菅生23-42	0778-44-6181	9:00～22:00　定休日　水曜日
福井県立クライミングセンター	福井県福井市合谷町1	0776-33-3444	平日10:00～22:00 土日祝日9:00～21:00　定休日日曜日
クライミングジム ピラニア石和店	山梨県笛吹市石和町井戸336-2	055-261-7621	火～金曜14:00～23:00　土曜10:00～21:00 日曜・祝祭日10:00～20:00 定休日・月曜日
Climbing Gym achieve	長野県伊那市福島1675	0265-96-7518	平日 9:30～ 22:00　土日祝 9:00 ～ 21:00 定休日 火曜日

上達のために今一度見直しておくべきこと

店舗名	住所	電話番号	営業時間・定休日
ロックジム ホリエ	長野県松本市寿中1-17-9	0263-86-6092	平日16:00〜22:00　土日祝11:00〜20:00 定休日・月曜日、第四火曜
佐久平ロッククライミングセンター	長野県佐久市平賀1570-3	0267-64-9789	月曜日　定休日 火曜日〜金曜日　午後1時〜午後10時 土曜日、日曜日、祝祭日　午前10時〜午後6時
クライミング★ノボリバ	長野県千曲市中514-1	026-466-6331	月〜土曜日、18:30〜22:00 日曜祝日 基本休業 （営業の場合）10:00〜20:00 小中高生は21:00まで。（許可された高校生は除く）　定休日・日曜日、祝日
クライミングセンター アートウォール	長野県長野市真島町川合189-1	026-284-8136	平日13:00〜22:00　土10:00〜22:00 日祝10:00〜20:00　※不定休
クライミングジム TOPS	岐阜県下呂市少ヶ野244-9	090-7301-0314	平日18:00〜23:00　定休日・土日祝
BLUE CANYON	静岡県富士市青葉町124-2	0545-50-9076	月〜木13:00〜22:00　土日祝11:00〜20:00 金曜定休日
スクエアクライミングセンター	静岡県浜松市東区中田町449	053-411-8455	平日12:00〜22:00（最終受付21：00） 土日祝10:00〜21:00（最終受付20：00） 定休日　第1月曜日
PLAYMOUNTAIN! 名古屋I.C.店	愛知県名古屋市守山区森孝3-1807	052-739-5250	月曜〜金曜13:30〜22:30　※不定休 土・日・祝10:00〜21:00 現在、火・水・木曜日は10:00から営業中
ぼるだ〜本舗	愛知県小牧市間々本町195	0568-70-7835	平日14:00〜22:00　土日祝10:00〜19:00 定休日なし
フリークライミング＆ボルダリングジム サムズアップ	愛知県名古屋市中区富士見町8-8 OMCビルB1F	052-332-2233	平日13:00〜22:00（受付終了20:30） 特定日を除きます。 土日祝10:00〜20:00（受付終了18:30） 定休日　毎週月曜日　※祝日の場合は営業10:00〜18:00（受付終了16:30）
カクタス・クライミングパーク	愛知県豊橋市関屋町138	0532-26-3737	定休日・水曜日
クライミングジム ビッグロック名古屋店	愛知県名古屋市西区中小田井2-70	052-504-6805	火〜金曜日14:00〜22:00 土日祝10:00〜20:00 定休日　月曜日・年末年始 （ルート変更作業の為の臨時休業あり）
ボルダー＆クライミング PEAK'N〜ピークン〜	愛知県春日井市知多町2-101	0568-29-9683	平日13:00〜22:30　土日祝10:00〜19:00 定休日　月曜日（祝日の場合翌日休み）
クライミングホームUNO	三重県四日市市三ツ谷東町7-12	070-2833-7491	平日15:00-23:00　土日9:00-21:00 祝日13:00-23:00　火曜定休
Sunny Dipper Climbing 玉城店	三重県度会郡玉城町井倉115-2	0596-65-6392	平日14:00〜22:30 土曜・日曜・祝日10:00〜20:00 定休日　火曜日
クライミングジム おもしろっく	三重県桑名市和泉ホの割518	0594-88-5558	平日13:30〜22:00　土日祝10:00〜20:00 定休日・月曜日
GRAVITY RESARCH MIE	三重県四日市市諏訪栄町6-4 スターアイランド3F	059-329-7777	10:00〜20:00　不定休
カラーズクライミングジム	滋賀県草津市野路9丁目7-22	077-599-3444	11:00〜23:00 [月〜金] 10:00〜20:00 [土日祝]
GRAVITY RESARCH KISHIWADA	大阪府岸和田市港緑町3-1 岸和田カンカンベイサイドモール WEST 1F	072-432-2020	平日12:00〜21:00（最終入館時間20:00） 土日祝10:00〜20:00
CLIMBING BUM OSAKA -Climbing&Bouldering center-	大阪府大阪市中央区森ノ宮中央2-1-70 もりのみやキューズモールBASE 1F	06-6910-1597	平日12:00〜22:30　土日祝10:00〜21:00 定休日・第二月曜日
ナカガイクライミングジム摂津	大阪府摂津市鳥飼新町2-2-55	072-629-7621	火〜金曜日13：00〜22：30 土・日・祝10：00〜21：00 定休日　平日の月曜日 （年末、年始、GW、イベントなど、営業日、営業時間の変更あり）
ナカガイクライミングジム堺	大阪府堺市中区土師町4-3-14	072-320-1684	火〜金曜日16：00〜22：00 土・日・祝10：00〜21：00 定休日　平日の月曜日 （年末、年始、GW、イベントなど、営業日、営業時間の変更あり）

店舗名	住所	電話番号	営業時間・定休日
シティロックジム大阪店	大阪府大阪市淀川区田川北2-3-35	06-6306-0914	10:00～22:00　年中無休
GRAVITY RESARCH NAMBA	大阪府大阪市中央区難波千日前12-35 スイングよしもとビル3Ｆ・4F	06-6645-0631	平日12:00～23:00 土日祝11:00～21:00
クライミングジム＆ショップ PUMP 大阪店	大阪府大阪市西淀川区中島1-13-23	06-6475-4406	火～金 11:00～22:30 土曜・祝祭日 10:00～21:00 日曜9:00～20:00 定休日　月曜日(祝日を除く)
レベルテン　クライミングクラブ	大阪府大阪市東住吉区今林2-1-14	06-6756-8182	平日15:00～22:00 土・日・祝日10:00～18:00 定休日　月・金
ミズノスポーツプラザ神戸和田岬	兵庫県神戸市兵庫区上庄通1-1	078-686-7550	平日10:00 - 22:00　休日 9:00 - 22:00
GRAVITY RESARCH HIMEJI	兵庫県姫路市駅前町27 テラッソ姫路3階	079-280-7520	平日13:00～22:00　土日祝10:00～21:00
GRAVITY RESARCH M-INT KOBE	兵庫県神戸市中央区雲井通7-1-1 M-INT神戸 18F	080-9706-3216	【4～10月】 平日12時～21時/土日祝11時～20時30分 【11～3月】11時～20時 ＊12/25～2/28は土日祝のみ営業 定休日：不定休（雨天・荒天時など） ＊季節や天候により営業状況は変動いたしますので、事前にご確認ください。
シティロックジム大和郡山店	奈良県大和郡山市田中町913-1	0743-51-2271	平日10:00～22:00 土・日・祝10:00～20:00 定休日なし (但し夏季・年末年始・GW・コンペ前後は臨時休業あり)
タイタンウォール クライミングジム	和歌山県和歌山市新雑賀町24	073-423-7110	平日14:00～22:30　土曜10:00～22:30 日曜10:00～20:30
倉吉スポーツクライミングセンター	鳥取県倉吉市山根529-2	0858-26-4441	9:00～22:00 休館日 12月29日～1月3日
GRAVITY RESARCH OKAYAMA	岡山県岡山市北区本町6番36号 第一セントラルビル1・2階	086-801-3133	月～金13:00～22:00　土日祝11:00～21:00
rocksCLIMBINGGYM	岡山県倉敷市平田260-1	086-476-5358	平日13:00～22:00　土日10:00～20:00 定休日・月曜日
クライムセンターCERO	広島県安芸郡府中町茂陰1-13-46	082-236-8401	火曜日～金曜日14:00～22:00 土・日曜日・祝日10:00～20:00 月曜日お休み （※月曜日が祝日の場合火曜日がお休み）
CLIMBING GYM & SHOP LABO 下松店	山口県下松市大手町2-8-13	0833-48-9403	平日13:00～22:00　土日祝10:00～20:00 定休日・月曜日
石鎚クライミングパークSAIJO	愛媛県西条市氷見乙608番地 西条西部公園内	0897-57-9383	9:00～22:00 定休日・毎週月曜日（祝日の場合は翌日）、 年末年始（12月29日から1月3日まで）
本山町吉野クライミングセンター	高知県長岡郡本山町吉野字ヲモヤ152-3	0887-76-2084	8:30～22:00
ブラボークライミング福岡西	福岡県福岡市西区内浜1-7-3 ウエストコート姪浜2F	092-982-6120	平日13:00～23:00　土日祝日 11:00～21:00 定休日・金曜日
Leadクライミングジム	福岡県福岡市南区日佐4-23-13	092-986-2539	平日14:00～23:00 土日祝12:00～21:00　定休日・金曜日
日南市クライミング施設	宮崎県日南市岩崎三丁目3－4－1 Ittenほりかわ広場棟屋上	080-6421-1196	9:00～20:00
クライミングジム リバー国分店	鹿児島県霧島市隼人町住吉151番地1	0995-70-1092	平日13:00～23:00 土・日・祝祭日10:00～20:00 定休日・月曜日
コーラルロックジム	沖縄県中頭郡北中城村仲順369-2	098-935-5777	火～金曜日14:00～22:00 土曜日13:00～20:00 日曜日・祝日10:00～19:00 定休日　月曜日、第二火曜日
奥武山公園 沖縄県立武道館	沖縄県那覇市奥武山町52	098-858-2700	9:00～21:00

コツ
43 **PART 5** 上達のために今一度見直しておくべきこと

得意・不得意を確認しよう

本書の各項目ごとに得意なもの、不得意なものを確認しよう。

そして、不得意なものは現在だけでなく、半年後、一年後に克服できているかチェックしてみよう。

振り返りチェックリスト

✓	コツ01	自分の方向性を知る
コツ02	自分の目標を知る
コツ03	リードクライミングの戦略とは？
コツ04	ルートの構成要素を見抜く
コツ05	手と足を置く位置を確認しよう
コツ06	ムーブの連続の流れを確認しよう
コツ07	核心の要素を見抜こう
コツ08	レストポイントを見抜こう
コツ09	クリップポイントを確認しよう
コツ10	安全性を確認しよう
コツ11	やったことのないアイデアにチャレンジ
コツ12	無駄な動きを省こう
コツ13	脱力をする
コツ14	呼吸への意識
コツ15	１トライの重要性を認識しよう
コツ16	登るモチベーションを確認しよう

☐	コツ17	ビレイヤーとのコミュニケーション
☐	コツ18	練習スタイルの確認
☐	コツ19	1日の練習の流れ
☐	コツ20	ボルダリングの重要性
☐	コツ21	ボルダリングの課題① 立体的な動き
☐	コツ22	ボルダリングの課題② 苦手な動き
☐	コツ23	ボルダリングの課題③ 長モノ
☐	コツ24	自分で課題を作るときの考え方
☐	コツ25	落ち着き・冷静さを養う登り方
☐	コツ26	リードの持久力トレーニング
☐	コツ27	恐怖心を克服するためのトレーニング
☐	コツ28	よりリラックスして登るための練習
☐	コツ29	ケアの方法（ストレッチポール、ヨガなど）
☐	コツ30	恐怖心は自然な感覚だととらえる
☐	コツ31	緊張感を受け入れよう
☐	コツ32	失敗の許可
☐	コツ33	コントロールを手放す
☐	コツ34	モチベーションをコントロールしない
☐	コツ35	なぜ同じルートや目標に行くか確認する
☐	コツ36	コンペ・大会に参加する際の注意事項
☐	コツ37	自然の壁に取り組む際の注意事項

上達のために今一度見直しておくべきこと

監修者
安間佐千
（あんま・さち）

1989年9月23日、宇都宮市生まれ。父の勧めで2002年に12歳でクライミングを始めた。世界ユース杯連覇などを経て、W杯でも上位の常連となる。2008年から日本選手権（リード）3連覇、2012、2013年W杯リード種目の年間総合優勝を果たし、日本男子初の2年連続のタイトル獲得。現在はプロ・フリークライマーとして岩場を中心に活動中。

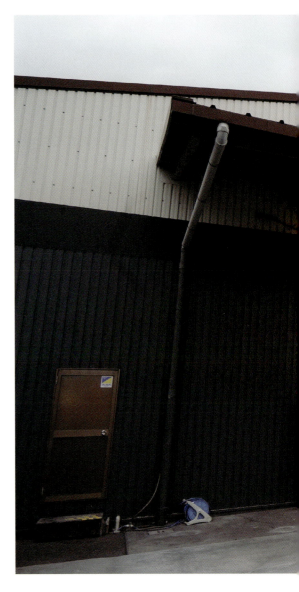

Climb Park Base Camp【入間/埼玉】
プロ・フリークライマーの平山ユージが監修し、日本でもトップクラスの広さを誇るクライミング施設。ボルダリングエリア・ルートエリア（ロープ）など、高いレベルで設備が充実している。クライミングが初めての方から上級者まで、全ての方が楽しむことができる。

【住所】　〒358-0002　埼玉県入間市東町7-1-7
【TEL/FAX】04-2968-3818
【営業時間】平日12：30～22：30
　　　　　　土曜10：00～21：00
　　　　　　日曜・祝日10：00～20：00
　　　　　　※定休日なし（臨時休業あり）

ビレイヤー／モデル協力
名嶋祐樹
（なじま・ゆうき）

STAFF
- 制作／株式会社多聞堂
- 編集・構成／浅井貴仁（エディットリアル株式會社）
- 写真／山本浩明、大嶋しんや、徳永信資、Andrea Cossu、Tomonori Nambu、123RF
- デザイン／田中図案室

スポーツクライミング「リード」上達バイブル
実践テクで差がつく！

2018年12月1日　第1版・第1刷発行

監修者	安間 佐千(あんま さち)
発行者	メイツ出版株式会社
	代表者　三渡 治
	〒102-0093東京都千代田区平河町一丁目1-8
	TEL：03-5276-3050（編集・営業）
	03-5276-3052（注文専用）
	FAX：03-5276-3105
印　刷	三松堂株式会社

●本書の一部、あるいは全部を無断でコピーすることは、法律で認められた場合を除き、
　著作権の侵害となりますので禁止します。
●定価はカバーに表示してあります。
©多聞堂,2018.ISBN978-4-7804-2102-6 C2075 Printed in Japan.

ご意見・ご感想はホームページから承っております。
メイツ出版ホームページアドレス http://www.mates-publishing.co.jp/

編集長：折居かおる　　副編集長：堀明研斗
企画担当：堀明研斗